POR QUÉ RETIRARTE SI AÚN ERES ÚTIL

Redescubriendo tu Valor en la Tercera Edad

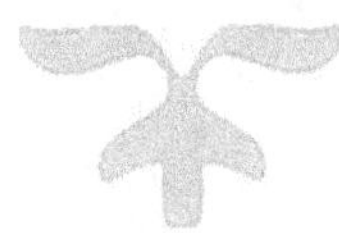

Pedro Agüero Vallejo

Este libro es una obra de no ficción basada en las experiencias y el conocimiento del autor. Se ha hecho todo lo posible para asegurar la precisión de la información presentada. Sin embargo, el autor y el editor no asumen ninguna responsabilidad por errores, omisiones o interpretaciones incorrectas de los contenidos del libro. Los lectores deben consultar a un profesional adecuado para sus necesidades individuales.

Tabla de contenido

Introducción

En una sociedad que a menudo celebra la juventud y la rapidez, es fácil olvidar el inmenso valor y la riqueza que la experiencia y la sabiduría pueden aportar. Al acercarnos a la edad de jubilación, muchos comienzan a cuestionarse su lugar y propósito en el mundo. ¿Es realmente el retiro el final de nuestra contribución? ¿O es simplemente un nuevo comienzo, una oportunidad para redescubrir, reinventar y redefinir nuestra utilidad y valor?

"Por qué retirarte si aún eres útil". Redescubriendo tu valor en la tercera edad, busca desentrañar estos interrogantes, invitándote a un viaje de autoexploración y redefinición. En las páginas siguientes, descubrirás historias inspiradoras de individuos que, lejos de retirarse a una vida pasiva, eligieron embarcarse en nuevas aventuras, aprender nuevas habilidades y contribuir de maneras que nunca imaginaron posibles en sus años más jóvenes.

Es común que las personas tengan preguntas y preocupaciones sobre el retiro, especialmente si aún se sienten útiles y capaces de contribuir. El retiro no siempre significa dejar de ser útil, sino más bien un cambio en las responsabilidades y actividades que uno realiza. Redescubrir el valor en la tercera edad implica reconocer las oportunidades y beneficios que esta etapa de la vida puede ofrecer.

Este libro no es solo un recordatorio del valor incalculable de la tercera edad, sino una guía y una invitación para que todos, sin importar la etapa de la vida en la que nos encontremos, reconozcamos y abracemos nuestro potencial continuo para impactar en el mundo que nos rodea. Porque la utilidad y el propósito no tienen fecha de caducidad. Y cada etapa de la vida trae consigo nuevas oportunidades, desafíos y aventuras.

Bienvenido a este viaje de redescubrimiento. Porque nunca es tarde para dejar una huella, para inspirar y para ser, verdaderamente, útil.

Capítulo 1:

Reinventarse después de los 60: Una nueva misión.

Es importante recordar que el retiro no es una decisión única para todos, y cada persona tiene sus propias circunstancias y razones para considerar este paso. Redescubrir el valor en la tercera edad implica encontrar nuevas formas de contribuir, crecer y disfrutar de la vida después de la jubilación.

Desafiando los estereotipos asociados con la edad

Vivimos en un mundo donde los estereotipos, especialmente aquellos relacionados con la edad, a menudo dictan cómo vemos a los demás y, lo que es más importante, cómo nos vemos a nosotros mismos.

Estos estereotipos, arraigados en tradiciones y prejuicios culturales, pueden limitar nuestras perspectivas y oportunidades, especialmente a medida que envejecemos.

Los mitos más comunes

El primer paso para desafiar estos estereotipos es identificarlos. Algunos de los mitos más prevalentes incluyen que las personas mayores son inherentemente frágiles, incapaces de aprender cosas nuevas, o que simplemente no pueden adaptarse a los cambios tecnológicos y culturales. También existe la creencia errónea de que la edad avanzada conlleva una disminución inevitable en la creatividad y la productividad.

Comprender y cuestionar los estereotipos relacionados con la edad comienza con el reconocimiento de los mitos que, lamentablemente, siguen presentes en muchas culturas y sociedades. Estos mitos perpetúan visiones limitadas y reduccionistas de las personas mayores, afectando no sólo la forma en que las demás generaciones los perciben, sino también cómo estas personas se ven a sí mismas y a su potencial. Veamos algunos de estos mitos comunes:

Fragilidad inherente: Existe la percepción de que envejecer automáticamente implica debilidad física y mental. Si bien es cierto que pueden surgir problemas de salud con el tiempo, muchos adultos mayores llevan estilos de vida activos, saludables y plenos, tanto física como mentalmente.

La fragilidad inherente es un concepto asociado frecuentemente con el proceso de envejecimiento, y se traduce en la percepción generalizada de que, con el paso de los años, las personas se vuelven inevitablemente débiles tanto física como mentalmente. Esta noción se arraiga en la creencia de que el envejecimiento es sinónimo de deterioro y decadencia.

Ciertamente, con el envejecimiento, pueden presentarse desafíos de salud o reducciones en ciertas capacidades físicas. Las articulaciones pueden volverse menos flexibles, la memoria puede no ser tan aguda como solía ser y es posible que se necesite más tiempo para recuperarse de lesiones o enfermedades. Sin embargo, reducir el proceso de envejecimiento únicamente a estos aspectos es una simplificación que no hace justicia a la experiencia completa de envejecer.

Es esencial reconocer que muchos adultos mayores llevan vidas activas y saludables. Hay innumerables ejemplos de personas en sus 60, 70, 80 años o más, que participan en deportes, viajan, aprenden nuevas habilidades, inician negocios o emprenden nuevas carreras. Estas personas son testimonios vivientes de que la vitalidad y el vigor no están necesariamente ligados a la juventud. Además, la sabiduría y experiencia acumuladas a lo largo de los años a menudo enriquecen la vida mental y emocional de una persona, permitiéndole abordar problemas y desafíos con una perspectiva más amplia y equilibrada.

En conclusión, aunque el envejecimiento puede traer consigo ciertos retos en términos de salud y bienestar, es incorrecto y reductor asumir que envejecer es sinónimo de fragilidad inherente. La vejez, como cualquier otra etapa de la vida, viene con su conjunto de desafíos y oportunidades, y es fundamental deshacerse de estereotipos limitantes para apreciarla en toda su riqueza y diversidad.

Incapacidad para aprender: Otro mito es que las personas mayores no pueden, o es más difícil para ellas, aprender cosas nuevas. Sin embargo, el cerebro tiene una capacidad asombrosa para adaptarse y crecer, independientemente de la edad. Además, la experiencia y la sabiduría que vienen con los años a menudo enriquecen y facilitan nuevos aprendizajes.

Uno de los mitos más arraigados sobre el envejecimiento es que, al llegar a cierta edad, las personas pierden la capacidad de aprender o les resulta mucho más difícil adquirir nuevos conocimientos. Esta creencia ha llevado a muchas personas a pensar que, una vez superada cierta etapa de la vida, ya no vale la pena intentar aprender algo nuevo porque será una tarea casi imposible o mucho menos eficaz.

Sin embargo, esta concepción está lejos de la realidad. Si bien es cierto que el cerebro puede experimentar ciertos cambios con el tiempo, la neurociencia ha demostrado que tiene una capacidad asombrosa de neuroplasticidad, es decir, la habilidad de reorganizarse y formar nuevas conexiones neuronales durante toda la vida. Esta adaptabilidad permite que, independientemente de la edad, podamos seguir aprendiendo, adaptándonos a nuevos contextos y adquiriendo habilidades.

Además, algo que suele pasarse por alto es que el proceso de aprendizaje no se basa únicamente en la capacidad cerebral. La experiencia y la sabiduría acumuladas a lo largo de los años son factores que pueden enriquecer y facilitar el aprendizaje en etapas más avanzadas de la vida. Por ejemplo, una persona mayor puede no recordar información tan rápidamente como un joven, pero puede compensar esto utilizando técnicas de estudio o estrategias de resolución de problemas que ha perfeccionado a lo largo de los años.

Es un grave error pensar que las personas mayores están limitadas o incapacitadas para aprender. La capacidad de aprender es intrínseca al ser humano y no se pierde con la edad. Más bien, se transforma y puede ser enriquecida por las experiencias vividas. Reconocer y valorar esta capacidad en todas las etapas de la vida es fundamental para fomentar una sociedad inclusiva y respetuosa con todas las edades.

Resistencia a la adaptación en la vejez: Se cree que las personas mayores no pueden mantenerse al día con los avances tecnológicos o adaptarse a cambios culturales. Aunque puede haber desafíos al aprender a usar nuevas herramientas o plataformas, muchas personas mayores adoptan y adaptan nuevas tecnologías con entusiasmo y habilidad. De hecho, la adaptabilidad es una cualidad humana, no determinada por la edad.

En nuestra sociedad vertiginosamente cambiante, uno de los mitos que persisten en relación a las personas mayores es que tienen una resistencia innata a la adaptación, especialmente en lo que respecta a los avances tecnológicos y a los cambios culturales. Se asume, en muchas ocasiones, que la edad avanzada viene acompañada de una falta de interés o capacidad para entender y asimilar lo "nuevo".

Es cierto que cada generación crece en un contexto particular, familiarizándose con ciertas herramientas, tecnologías y modos de pensar. Sin embargo, sugerir que las personas mayores son, por naturaleza, resistentes al cambio, es un error. Como cualquier otra persona, pueden enfrentar desafíos al intentar aprender a usar una nueva herramienta o plataforma tecnológica, pero eso no significa que no puedan, o no quieran, hacerlo.

De hecho, hay innumerables ejemplos de adultos mayores que, no solo se han adaptado a las nuevas tecnologías, sino que las han abrazado con entusiasmo, incorporándolas en su vida diaria y beneficiándose de las ventajas que ofrecen.

Esta adaptabilidad no debería sorprendernos. La capacidad de adaptarse es una cualidad intrínsecamente humana y no está directamente ligada a la edad. A lo largo de la historia, el ser humano ha demostrado una y otra vez su habilidad para adaptarse a nuevos entornos y circunstancias, independientemente de su edad.

Más allá de la tecnología, es esencial entender que la adaptación a cambios culturales tampoco está restringida por la edad. Las personas mayores tienen la capacidad y, en muchos casos, el deseo de entender y ser parte del mundo que les rodea. En lugar de asumir su resistencia, deberíamos proporcionar las herramientas y el apoyo necesarios para facilitar su adaptación en un mundo en constante evolución. Reconociendo su potencial y valor, enriquecemos nuestra sociedad en su conjunto.

Disminución de la creatividad y productividad en la vejez: La idea de que las personas mayores no pueden ser creativas o productivas es otro mito perjudicial. A lo largo de la historia, muchos artistas, escritores y pensadores han producido algunas de sus obras más significativas en sus años posteriores. Existe un mito enraizado en la cultura popular que sostiene que, con la edad, la creatividad y la productividad de una persona disminuyen drásticamente. Según esta concepción, la vejez es una etapa de declive, donde las capacidades para innovar, imaginar y producir se atrofian o se vuelven obsoletas.

Sin embargo, la realidad es muy diferente. A lo largo de la historia, numerosos artistas, escritores, músicos y pensadores han demostrado que la creatividad no tiene fecha de caducidad. Muchos de ellos han creado algunas de sus obras más impactantes y trascendentales durante su vejez. Un claro ejemplo es el pintor español Pablo Picasso, quien continuó innovando y produciendo arte revolucionario hasta sus últimos días. De igual manera, autores como Gabriel García Márquez y Mario Vargas Llosa han escrito algunas de sus novelas más significativas en etapas avanzadas de su vida.

El error radica en asociar juventud con energía y vejez con decadencia. La creatividad no se alimenta solo de energía, sino también de experiencia, sabiduría y perspectiva, atributos que se acumulan y refinan con los años. La capacidad de observar el mundo con ojos experimentados, de conectar ideas de formas novedosas y de extraer de las vivencias pasadas inspiración para el presente, son ventajas que el tiempo otorga.

En cuanto a la productividad, es esencial comprender que no siempre se mide en cantidad, sino en calidad. Una obra producida en la vejez, impregnada de toda una vida de experiencia, puede tener un valor y profundidad incomparables.

Concluir que las personas mayores no pueden ser creativas o productivas es, no solo incorrecto, sino también limitante. Reconocer y celebrar la capacidad creativa y productiva de los mayores es fundamental para construir una sociedad inclusiva y respetuosa de todas las etapas de la vida.

Al desmitificar estas creencias, no solo ayudamos a crear una sociedad más inclusiva, sino que también permitimos que las personas mayores vivan vidas más ricas y satisfactorias, liberadas de las restricciones impuestas por estereotipos infundados.

El poder de la experiencia

Lejos de ser menos capaces, las personas mayores a menudo poseen una riqueza de experiencias que les permite abordar problemas desde una perspectiva única y equilibrada. Han vivido múltiples etapas de la vida, han enfrentado adversidades y han acumulado sabiduría que puede ser de inestimable valor para la sociedad.

En una sociedad obsesionada con la juventud y la innovación constante, es fácil pasar por alto el inmenso valor que reside en la experiencia acumulada. Las personas mayores, a menudo relegadas al margen debido a preconcepciones erróneas sobre su capacidad, representan en realidad una de las fuentes más ricas de conocimiento, perspicacia y sabiduría.

La experiencia no es simplemente la suma de años vividos, sino una colección de vivencias, aprendizajes, fracasos y éxitos que configuran una comprensión profunda del mundo. Las personas mayores han atravesado diversas eras, han visto el surgimiento y desaparición de tendencias, han adaptado y han aprendido a superar incontables desafíos. Esta travesía les otorga una perspectiva única y multifacética para abordar problemas actuales, proporcionando soluciones que se nutren de décadas de observación y reflexión.

Más allá de la mera solución de problemas, la experiencia otorga sabiduría. La sabiduría no es solo conocimiento, sino la capacidad de aplicar ese conocimiento de manera efectiva, de discernir, de ver más allá de lo obvio. En debates, decisiones empresariales o dilemas éticos, la voz de alguien con años de experiencia puede aportar claridad y dirección.

Es esencial que, como sociedad, reconozcamos y aprovechemos este recurso invaluable. En vez de ver la vejez como una etapa de declive, deberíamos considerarla como un período de culminación, donde la experiencia adquirida se convierte en una herramienta poderosa que puede beneficiar a todos. Fomentar la integración de las personas mayores en diversos ámbitos, desde el profesional hasta el educativo, no solo es un acto de justicia, sino también una estrategia inteligente para enriquecer y profundizar las discusiones y soluciones que nuestra sociedad necesita.

Aprendizaje a lo largo de la vida

Contrario al estereotipo de que las personas mayores no pueden aprender cosas nuevas, muchos estudios han demostrado que el cerebro sigue siendo plástico y adaptable a lo largo de la vida. Aunque es cierto que el aprendizaje puede requerir diferentes técnicas y tal vez más tiempo, la capacidad de adquirir nuevas habilidades y conocimientos no desaparece con la edad.

El concepto de aprendizaje a lo largo de la vida desafía la noción tradicional de que el aprendizaje es exclusivo de la juventud y que se detiene o disminuye a medida que avanzan los años. En realidad, el deseo y la capacidad de aprender son inherentes al ser humano y no tienen fecha de caducidad.

La neurociencia ha hecho descubrimientos revolucionarios en las últimas décadas que refutan el mito de que el cerebro es una entidad estática. Se ha comprobado que posee plasticidad, lo que significa que tiene la capacidad de cambiar y adaptarse en respuesta a nuevas experiencias, incluso en etapas avanzadas de la vida. Esta plasticidad cerebral permite que las neuronas formen nuevas conexiones, lo que facilita el aprendizaje y la adaptación.

Aunque es verdad que el proceso de aprendizaje puede variar con el tiempo —por ejemplo, una persona mayor podría requerir más repeticiones para memorizar algo en comparación con un joven— esto no significa que el aprendizaje sea menos eficaz o valioso.

De hecho, las personas mayores tienen la ventaja de poder relacionar nuevos conocimientos con una vasta base de experiencias previas, lo que a menudo les permite comprender conceptos desde una perspectiva más amplia y enriquecida.

Adicionalmente, el aprendizaje en la tercera edad puede ofrecer múltiples beneficios, como mantener el cerebro activo, lo que puede ayudar a retrasar o mitigar el avance de enfermedades degenerativas. También proporciona una sensación de logro y propósito, factores clave para mantener una buena salud mental y emocional.

Es crucial que la sociedad reconozca y promueva el aprendizaje continuo en todas las etapas de la vida. Esto no solo enriquece a las personas mayores, sino que también fortalece a la comunidad en su conjunto, alentando una cultura de crecimiento, adaptabilidad y apreciación por la riqueza de la experiencia y la sabiduría que conlleva el paso de los años.

Rompiendo barreras

Desafiar los estereotipos de edad implica tanto una revolución personal como social. A nivel personal, esto puede significar adoptar nuevos hobbies, aprender nuevas habilidades o simplemente enfrentar y desafiar nuestras propias creencias limitantes sobre lo que significa envejecer. A nivel social, se trata de cambiar la narrativa, resaltando y celebrando los logros y contribuciones de las personas mayores, y creando espacios donde las generaciones puedan interactuar, aprender unas de otras y desafiar mutuamente sus preconcepciones.

Desafiando los Estereotipos de Edad: Una Revolución Personal y Social

Vivimos en una sociedad que, muchas veces, tiende a encasillar a las personas en categorías rígidas, y la edad no es la excepción. Estos estereotipos, aunque ampliamente aceptados, a menudo carecen de fundamentos y perpetúan ideas erróneas sobre lo que las personas son capaces de hacer o ser a medida que envejecen. Romper con estos moldes no es tarea fácil, pero es esencial para una coexistencia más rica y justa.

A nivel personal, desafiar estos estereotipos implica una introspección profunda. Significa cuestionar las ideas preconcebidas que hemos internalizado sobre el envejecimiento y reconocer que la edad no limita nuestro potencial. Es animarse a aprender a tocar un instrumento a los 60, inscribirse en un curso de tecnología a los 70, o iniciar un nuevo proyecto o negocio a los 80. Es, en esencia, entender que la capacidad de crecimiento, aprendizaje y adaptación no tiene fecha de vencimiento.

Sin embargo, la revolución no puede ser únicamente individual. A nivel social, es imprescindible que cambiemos la forma en que percibimos y valoramos a las personas mayores. Las historias que contamos, las representaciones en medios de comunicación y la forma en que estructuramos nuestros espacios comunitarios, todos juegan un papel crucial en la formación de estas percepciones. Deberíamos resaltar más los logros de las personas mayores, reconociendo que sus contribuciones son tan valiosas y relevantes como las de cualquier otro grupo de edad.

Además, fomentar espacios intergeneracionales puede ser una herramienta poderosa para romper barreras. Cuando las generaciones se mezclan, ya sea en entornos educativos, laborales o recreativos, se produce un intercambio natural de ideas, experiencias y perspectivas. Este entrelazamiento puede desmantelar mitos y preconcepciones, permitiendo que cada grupo valore y aprenda del otro.

En definitiva, desafiar los estereotipos de edad es una tarea que nos concierne a todos, jóvenes y mayores. Requiere esfuerzo, valentía y, sobre todo, la voluntad de ver más allá de las etiquetas para reconocer el potencial ilimitado que reside en cada individuo, sin importar cuántos años tenga.

Desafiando los estereotipos asociados con la edad, no solo nos liberamos de las limitaciones autoimpuestas, sino que también fomentamos una sociedad más inclusiva y comprensiva. En una época en que la esperanza de vida continúa aumentando, es esencial redefinir lo que significa envejecer y reconocer el potencial que se encuentra en cada etapa de la vida.

Algunas razones por las cuales algunas personas consideran retirarse a pesar de sentirse útiles podrían incluir:

Descanso y Disfrute: Redefiniendo el Retiro

El retiro puede ser una oportunidad para disfrutar de actividades que no tuvieron tiempo de hacer durante su vida laboral, como viajar, practicar pasatiempos, pasar tiempo con la familia y amigos, etc.

El retiro, en muchas culturas, es a menudo visto como el final de una etapa productiva de la vida. Sin embargo, puede ser más apropiado considerarlo como un nuevo capítulo, lleno de oportunidades y posibilidades. De hecho, el retiro puede ser el comienzo de una de las etapas más liberadoras y gratificantes de la vida.

Una de las mayores ventajas del retiro es el tiempo. Después de años, o incluso décadas, siguiendo horarios estrictos y cumpliendo con responsabilidades laborales, el retiro brinda la oportunidad de controlar completamente tu tiempo. Esto se traduce en libertad: libertad para despertarse sin alarma, para leer ese libro que ha estado en la estantería durante años, o para aprender una nueva habilidad o pasatiempo.

El viaje, en particular, es una actividad que muchos aspiran a realizar más en la jubilación. Ya sea explorando lugares nuevos en el extranjero, redescubriendo las bellezas de tu propio país, o simplemente visitando a familiares y amigos en otras ciudades, el retiro puede ser ese momento para satisfacer la curiosidad y el deseo de aventura.

Los pasatiempos, tanto nuevos como antiguos, también encuentran un lugar especial en esta etapa. La jardinería, la pintura, la escritura, el baile, o cualquier otra actividad que haya sido postergada, pueden ahora ocupar un lugar central en la vida diaria, proporcionando satisfacción, propósito y alegría.

Además, el retiro brinda una oportunidad única para fortalecer lazos con seres queridos. Con más tiempo libre, se pueden crear momentos memorables con hijos, nietos, amigos y otros familiares. La vida se vuelve menos sobre el "hacer" y más sobre el "ser", y en ese "ser", se encuentra la esencia del disfrute y el contentamiento.

En resumen, el retiro no es una conclusión, sino una transición. Una transición a una etapa donde el descanso se entrelaza con el disfrute activo de la vida, ofreciendo un equilibrio que, para muchos, redefine lo que significa vivir plenamente.

Salud y bienestar: Algunas personas pueden estar experimentando problemas de salud o agotamiento, lo que podría influir en su decisión de retirarse para cuidar mejor de sí mismos.

La salud y el bienestar son consideraciones fundamentales en la decisión de retirarse de la vida laboral.

Algunas personas pueden encontrarse en una etapa de la vida en la que su salud está comprometida o están lidiando con el agotamiento debido a una larga carrera profesional. En estas circunstancias, la retirada puede ser una elección necesaria para cuidar mejor de sí mismas.

El agotamiento laboral, que puede manifestarse como fatiga crónica, estrés severo o problemas de salud relacionados con el trabajo, a veces requiere un tiempo de descanso y recuperación. La jubilación puede proporcionar un espacio para recuperar la energía, reducir el estrés y centrarse en la mejora de la salud física y mental. Esto puede incluir la adopción de un estilo de vida más saludable, la realización de actividades que generen bienestar y la búsqueda de atención médica y terapia si es necesario.

En casos de problemas de salud crónicos o enfermedades, la jubilación puede ser una decisión pragmática para dedicar tiempo y atención a la gestión de la salud y recibir tratamientos necesarios. También puede ofrecer la flexibilidad para adaptarse a las limitaciones físicas o de salud que puedan surgir con la edad.

En última instancia, la jubilación se trata de mejorar la calidad de vida y cuidar de uno mismo. Para algunas personas, esto implica retirarse temprano para disfrutar de una jubilación activa y saludable, mientras que para otras, significa tomar un respiro necesario para recuperar la salud y el bienestar. La decisión de retirarse debe considerarse en función de las necesidades individuales y las circunstancias personales, siempre con el objetivo de vivir una vida lo más plena y saludable posible.

Cambio de enfoque: A medida que envejecemos, nuestras prioridades pueden cambiar. Algunas personas pueden querer enfocarse en actividades que les brinden un sentido de logro y satisfacción personal en lugar de actividades laborales.

El cambio de enfoque es una razón común por la cual las personas deciden retirarse a medida que envejecen. A lo largo de la vida, nuestras prioridades y valores pueden evolucionar, y la jubilación puede ser una oportunidad para redirigir nuestra atención hacia lo que realmente importa.

Con el paso del tiempo, es natural que algunas personas deseen alejarse de las responsabilidades laborales para dedicarse a actividades que les brinden un mayor sentido de logro y satisfacción personal. Esto puede incluir el tiempo dedicado a la familia, el voluntariado, la educación continua, el arte, el deporte, la exploración de pasatiempos o incluso emprender nuevos proyectos que antes no habían tenido la oportunidad de explorar.

El cambio de enfoque también puede estar relacionado con un deseo de buscar un equilibrio entre la vida laboral y la vida personal. A medida que envejecemos, es posible que valoremos más la calidad del tiempo libre y el disfrute de las actividades que nos apasionan. Esto puede llevar a una jubilación anticipada o a la búsqueda de trabajos a tiempo parcial o proyectos que sean más flexibles y estén alineados con nuestros intereses y valores.

En última instancia, el cambio de enfoque en la jubilación se trata de redescubrir lo que nos impulsa y nos motiva en esta nueva etapa de la vida. Es una oportunidad para explorar nuevas pasiones, aprender, crecer y encontrar un mayor sentido de propósito. La jubilación puede ofrecer la libertad y la flexibilidad necesarias para perseguir lo que realmente nos importa y nos hace felices a medida que avanzamos en nuestro viaje personal.

Oportunidades de voluntariado: Muchas personas encuentran una nueva fuente de sentido y utilidad al involucrarse en actividades de voluntariado y trabajo comunitario después de retirarse.

El voluntariado ofrece una valiosa oportunidad para las personas jubiladas de contribuir a la sociedad, mantenerse activas y encontrar un sentido de propósito en la vida después de la jubilación.

Después de retirarse, muchas personas descubren que tienen tiempo y habilidades para ofrecer a las comunidades y organizaciones que lo necesitan.

Existen numerosas oportunidades de voluntariado disponibles en una amplia gama de áreas, desde el apoyo a organizaciones benéficas locales hasta la participación en proyectos internacionales. Algunas personas eligen trabajar con organizaciones que están cerca de su corazón o que están relacionadas con sus pasiones e intereses, como la educación, la atención médica, la conservación del medio ambiente, la asistencia a personas mayores, la ayuda humanitaria, entre otras.

El voluntariado no solo beneficia a la comunidad, sino que también tiene efectos positivos en quienes participan. Ayuda a mantener la mente activa, fomenta el desarrollo de nuevas habilidades y conocimientos, y promueve un sentido de conexión social y camaradería. Además, muchas personas encuentran que el acto de ayudar a otros les brinda una profunda sensación de satisfacción y significado en la jubilación.

El voluntariado ofrece oportunidades significativas para las personas jubiladas de dar un paso adelante, compartir sus talentos y experiencias, y continuar siendo una parte activa y valiosa de la comunidad. Es una forma gratificante de vivir una jubilación comprometida y significativa.

Flexibilidad: El retiro puede brindar más tiempo y flexibilidad para explorar nuevos intereses y actividades que antes no eran posibles debido a las demandas del trabajo.

La flexibilidad es uno de los beneficios más destacados que la jubilación puede ofrecer. Después de años de dedicación al trabajo y a las responsabilidades laborales, la jubilación proporciona la oportunidad de disfrutar de un tiempo más libre y adaptable.

Una de las formas más gratificantes de aprovechar esta flexibilidad es explorar nuevos intereses y actividades. Muchas personas jubiladas encuentran que tienen tiempo para dedicarse a pasatiempos que antes habían quedado en segundo plano debido a las demandas laborales. Ya sea aprender a tocar un instrumento musical, practicar deportes, pintar, escribir, viajar, estudiar una nueva disciplina o involucrarse en actividades culturales, la jubilación brinda el espacio necesario para nutrir la creatividad y la curiosidad.

Además, la flexibilidad también permite adaptarse a las necesidades cambiantes de la vida. Algunas personas pueden aprovechar la jubilación para viajar y explorar el mundo, mientras que otras pueden optar por pasar más tiempo con la familia y los seres queridos. La posibilidad de decidir cómo se desea estructurar el tiempo es un lujo que a menudo no estaba presente durante la vida laboral.

La flexibilidad que ofrece la jubilación es una valiosa oportunidad para reinventarse y disfrutar de la vida de nuevas maneras. Permite a las personas jubiladas adaptarse a sus deseos y necesidades cambiantes, lo que puede llevar a una jubilación enriquecedora y satisfactoria.

Capítulo 2:

Más allá de la jubilación: El arte de seguir contribuyendo.

La jubilación marca un hito significativo en la vida de una persona, pero no necesariamente significa el final de la contribución y el propósito. Este capítulo explora cómo muchos individuos encuentran nuevas formas de participar y contribuir a la sociedad, a pesar de haber dejado sus carreras profesionales.

Descubriremos cómo el deseo de hacer una diferencia perdura más allá de la jubilación y cómo el arte de seguir contribuyendo puede llevar a una vida enriquecedora y significativa en las etapas posteriores de la vida.

Las diferentes formas de aportar a la sociedad después de la jubilación.

Después de la jubilación, existen diversas formas en las que las personas pueden continuar aportando a la sociedad. Estas contribuciones pueden variar en alcance y naturaleza, pero todas tienen el potencial de hacer una diferencia significativa en la comunidad y en la vida de los demás. Aquí, exploraremos algunas de las diferentes formas en las que las personas jubiladas pueden seguir contribuyendo:

Voluntariado: El voluntariado es una de las formas más comunes y gratificantes de contribuir después de la jubilación. Las personas jubiladas pueden ofrecer su tiempo y experiencia en organizaciones benéficas, escuelas, hospitales, refugios para personas sin hogar y muchas otras causas. Esta contribución es especialmente valiosa, ya que a menudo suple necesidades críticas en la comunidad.

El voluntariado es una de las formas más comunes y gratificantes de contribuir después de la jubilación. Las personas jubiladas pueden ofrecer su tiempo y experiencia en organizaciones benéficas, escuelas, hospitales, refugios para personas sin hogar y muchas otras causas. Esta contribución es especialmente valiosa, ya que a menudo suple necesidades críticas en la comunidad.

El voluntariado después de la jubilación ofrece una oportunidad única para brindar apoyo a aquellos que más lo necesitan. Puede implicar una variedad de actividades, desde ayudar en comedores sociales, brindar tutorías a niños en riesgo hasta participar en proyectos de conservación ambiental. La versatilidad del voluntariado permite a las personas jubiladas elegir una causa que sea cercana a su corazón y que se alinee con sus intereses y habilidades.

Además de ayudar a otros, el voluntariado también puede ser una experiencia enriquecedora y gratificante para los voluntarios jubilados. Proporciona una sensación de propósito y satisfacción personal, fomenta nuevas amistades y conexiones sociales, y mantiene a las personas activas y comprometidas en su comunidad.

El voluntariado es una forma poderosa de continuar contribuyendo a la sociedad después de la jubilación, dejando un impacto positivo duradero en la vida de quienes son beneficiados y en la propia vida del voluntario. Esta forma de contribución demuestra que la jubilación no marca el final de la utilidad, sino el comienzo de una nueva etapa de servicio y enriquecimiento personal.

Mentoría: Aquellas personas que han acumulado una amplia experiencia a lo largo de sus carreras pueden desempeñar un papel importante como mentores. Compartir conocimientos y consejos con la generación más joven o con aquellos que buscan orientación profesional puede ayudar a construir un futuro sólido.

La mentoría es una forma invaluable de contribuir después de la jubilación, especialmente para aquellos que han acumulado una rica experiencia a lo largo de sus carreras. Convertirse en mentor implica compartir sabiduría, conocimientos y consejos con individuos más jóvenes que están en las primeras etapas de sus trayectorias profesionales. También puede ser una oportunidad para guiar a aquellos que buscan orientación en un campo específico.

Los mentores jubilados pueden ofrecer una visión única y práctica de la industria en la que han trabajado durante años. Pueden proporcionar información sobre las mejores prácticas, ayudar a resolver problemas y brindar apoyo emocional a su mentoreado. Esta transferencia de conocimientos y experiencia no solo beneficia a los individuos que buscan orientación, sino que también enriquece la vida del mentor, al permitirle seguir contribuyendo al desarrollo de otros.

La mentoría es una forma de construir un legado significativo y duradero al influir en la próxima generación de profesionales. Los mentores jubilados desempeñan un papel fundamental en el crecimiento y desarrollo de sus mentoreado, y sus consejos y experiencias pueden ayudar a moldear carreras exitosas y fortalecer comunidades profesionales. En última instancia, la mentoría representa un valioso acto de generosidad y compromiso con el futuro.

Activismo: La jubilación brinda tiempo adicional para involucrarse en causas sociales y políticas que uno valora. Participar en movimientos de justicia social, derechos civiles o cuestiones ambientales permite a las personas jubiladas influir en el cambio social.

Como ya mencionamos puede participar en voluntariado: La jubilación es una etapa ideal para devolver a la comunidad a través del voluntariado. Muchas organizaciones y ONGs valoran la experiencia y sabiduría de las personas mayores. Ya sea ayudando en un refugio local, enseñando habilidades a las nuevas generaciones o trabajando en proyectos comunitarios, el voluntariado no solo beneficia a la comunidad, sino que también ofrece a los jubilados un sentido de propósito y conexión.

Viajes con Propósito: En lugar de simplemente hacer turismo, muchos jubilados eligen viajar con un propósito. Esto puede incluir participar en viajes misioneros, programas de intercambio cultural o viajes de voluntariado. Estas experiencias permiten a las personas mayores aprender sobre nuevas culturas al mismo tiempo que aportan positivamente a las comunidades que visitan.

Educación Continua: Nunca es tarde para aprender algo nuevo. Muchos jubilados aprovechan su tiempo libre para inscribirse en cursos universitarios, talleres o seminarios. Ya sea para adquirir una nueva habilidad, perfeccionar un hobby o simplemente para el placer de aprender, la educación continua puede ser una forma gratificante de pasar el tiempo durante la jubilación.

Estímulo Mental: El aprendizaje continuo no solo permite adquirir nuevos conocimientos, sino que también mantiene la mente activa y ágil. Enfrentarse a nuevos desafíos intelectuales puede ayudar a prevenir el deterioro cognitivo y mantener el cerebro en forma.

Redes Sociales: Al inscribirse en cursos o talleres, los jubilados tienen la oportunidad de interactuar con personas de diferentes edades y antecedentes, fomentando relaciones intergeneracionales y expandiendo su red social.

Reinventarse a Uno Mismo: La jubilación puede ser el momento perfecto para explorar pasiones y vocaciones que se habían dejado de lado por obligaciones laborales o familiares. Ya sea aprendiendo un nuevo idioma, tomando clases de pintura o escribiendo ese libro que siempre se quiso escribir, la educación continua permite a los jubilados reinventarse y descubrir nuevos aspectos de sí mismos.

Contribución a la Comunidad: Algunos jubilados, tras adquirir nuevas habilidades o conocimientos, eligen compartirlos con su comunidad, ya sea enseñando clases, dando charlas o asesorando en áreas en las que tienen experiencia.

En resumen, la educación continua en la jubilación no solo ofrece beneficios personales en términos de desarrollo y bienestar, sino que también puede tener un impacto positivo en la comunidad en general. Es una herramienta poderosa para mantenerse activo, conectado y realizado durante esta etapa de la vida.

Participación en Grupos Locales: Unirse a clubes o grupos de interés, como clubes de jardinería, grupos de lectura o coros, permite a los jubilados mantenerse activos en su comunidad, compartir intereses con otros y hacer nuevos amigos.

Interacción Social: Participar en grupos y clubes locales brinda una excelente oportunidad para socializar y mantener relaciones significativas. Esto puede ser especialmente valioso para aquellos que podrían sentirse aislados después de la jubilación, ya que la interacción social regular puede contribuir al bienestar emocional y mental.

Aportación a la Comunidad: La participación activa en grupos locales no solo beneficia al individuo, sino también a la comunidad en su conjunto. Al compartir habilidades, conocimientos y experiencias, los jubilados pueden contribuir al enriquecimiento cultural y al fortalecimiento de los lazos comunitarios.

Desarrollo Personal: Los clubes y grupos ofrecen la posibilidad de aprender nuevas habilidades o profundizar en pasiones existentes. Ya sea a través de la discusión de un libro, la plantación de un jardín o la interpretación de una canción, estos espacios permiten a los jubilados crecer y desarrollarse personalmente.

Compromiso Activo: En lugar de adoptar un estilo de vida pasivo durante la jubilación, involucrarse en grupos locales promueve un estilo de vida activo y participativo. Estas actividades pueden ayudar a mantener la mente y el cuerpo en movimiento, lo que es esencial para una vida saludable y equilibrada.

Enriquecimiento Personal: Las actividades en grupos locales ofrecen una oportunidad única para enriquecer la vida cotidiana. No solo proporcionan una razón para salir de casa y ser activo, sino que también ofrecen la posibilidad de aprender cosas nuevas, desde habilidades prácticas hasta nuevos puntos de vista sobre diversos temas.

Relaciones y Conexiones: Al comprometerse activamente en grupos comunitarios, se abren puertas para construir nuevas relaciones y fortalecer las existentes. Estas interacciones pueden ser fuentes valiosas de apoyo, amistad y camaradería.

Conexiones Auténticas: Al involucrarse en actividades comunitarias, se establecen conexiones genuinas con personas de diferentes edades, antecedentes y experiencias. Estas conexiones enriquecen nuestra vida y nos ofrecen una diversidad de perspectivas que no podríamos obtener de otro modo.

Fortalecimiento de Lazos Sociales: Participar activamente en grupos locales refuerza los lazos comunitarios. Se forman amistades duraderas basadas en intereses y valores compartidos, lo que puede ser especialmente beneficioso durante la jubilación, un periodo en el que algunas personas pueden sentirse aisladas.

Red de Apoyo: Al establecer relaciones a través de la participación en grupos, se crea una red de apoyo mutuo. Estos vínculos pueden ofrecer ayuda emocional durante tiempos difíciles, así como asistencia práctica en situaciones cotidianas.

Valor del Trabajo en Equipo: Al trabajar juntos en proyectos o actividades grupales, se aprende la importancia de la colaboración y el trabajo en equipo. Se valora la contribución de cada individuo y se celebra el logro colectivo.

En definitiva, el compromiso activo en grupos comunitarios no solo ofrece la oportunidad de mantenerse activo y ocupado, sino que también permite tejer una red de relaciones y conexiones que aportan significado, apoyo y alegría a la vida durante la jubilación. La riqueza de estas interacciones humanas es imposible de cuantificar, pero es innegablemente valiosa.

Contribución a la Sociedad: La participación activa en grupos comunitarios no solo beneficia al individuo, sino que también aporta al bienestar general de la comunidad. Ya sea a través de la voluntad de compartir conocimientos, habilidades o simplemente tiempo, el compromiso activo fortalece el tejido social y contribuye al desarrollo comunitario.

El ser humano, por naturaleza, es un ser social que se desarrolla y prospera en comunidades. A medida que interactuamos y colaboramos con otros, no solo enriquecemos nuestras vidas, sino que también desempeñamos un papel vital en la construcción y fortalecimiento de nuestra sociedad.

Cuando los individuos, especialmente aquellos en la jubilación, deciden participar activamente en grupos y organizaciones comunitarias, están realizando una valiosa contribución al bienestar colectivo. A menudo, las personas jubiladas poseen una vasta experiencia, conocimientos y habilidades acumuladas a lo largo de los años. Al compartir esta riqueza con la comunidad, pueden impactar de manera positiva en múltiples niveles.

Por un lado, pueden ofrecer mentoría y guía a las generaciones más jóvenes, transmitiendo sabiduría y entendimiento. También pueden liderar o colaborar en proyectos comunitarios, ayudando a solucionar problemas locales o a desarrollar nuevas iniciativas que beneficien a todos. Además, su simple presencia y participación en actividades comunitarias aporta diversidad y riqueza a la dinámica del grupo, lo que puede fomentar un ambiente más inclusivo y cooperativo.

Más allá de la contribución tangible, la participación activa de los jubilados en la comunidad envía un poderoso mensaje sobre el valor y el potencial que cada individuo, independientemente de su edad, puede aportar a la sociedad. Esta actitud desafía los estereotipos negativos asociados con el envejecimiento y reafirma la idea de que cada etapa de la vida puede ser productiva y significativa.

El compromiso activo de los jubilados en la sociedad no solo beneficia su bienestar personal, sino que también juega un papel crucial en la construcción de comunidades más fuertes, resilientes y unidas. La experiencia y la sabiduría que aportan son invaluables y fortalecen el tejido social, contribuyendo al desarrollo y progreso de toda la comunidad.

Sentido de Propósito: En un momento de la vida donde la rutina diaria puede cambiar drásticamente, encontrar un propósito y un sentido de pertenencia puede ser fundamental. El compromiso activo ofrece precisamente eso: un propósito y un lugar en la comunidad.

La transición a la jubilación puede ser un desafío para muchos, ya que la estructura y el propósito que proporcionaba el trabajo diario desaparecen. Involucrarse activamente en la comunidad o en grupos de interés brinda una nueva dirección y un renovado sentido de misión. Esta participación ofrece a los jubilados la oportunidad de redescubrirse a sí mismos, explorar nuevas pasiones y contribuir de manera significativa a su entorno.

Estructura en la Vida Cotidiana: Al comprometerse en actividades y grupos, se reintroduce una estructura y rutina en la vida diaria, lo que puede ser reconfortante para aquellos acostumbrados a tener un horario definido.

Estructura en la Vida Cotidiana: Durante nuestra vida laboral, muchas personas se acostumbran a una rutina y estructura diaria: levantarse a una hora específica, prepararse para el trabajo, cumplir con un horario y tener responsabilidades diarias. Esta estructura, aunque a veces puede parecer monótona, otorga un sentido de orden y previsibilidad a nuestra vida.

Sin embargo, al llegar la jubilación, esta estructura diaria a la que muchos estaban acostumbrados desaparece. De repente, hay un vacío, y los días pueden parecer desorganizados o carentes de propósito. Para algunas personas, esto puede generar sentimientos de desorientación o incluso de pérdida.

Al involucrarse en actividades y grupos después de la jubilación, es posible reintroducir una cierta estructura en la vida cotidiana. Por ejemplo, un club de lectura que se reúna cada miércoles por la tarde, una clase de cerámica los jueves por la mañana o un grupo de voluntariado que se reúne dos veces por semana. Estas actividades programadas no solo ocupan el tiempo, sino que también proporcionan puntos de referencia en la semana, devolviendo ese sentido de orden y rutina.

Para aquellos que han estado acostumbrados a tener un horario definido durante gran parte de sus vidas, esta nueva estructura puede ser reconfortante y familiar.

Además, ayuda a darle sentido y propósito a cada día, evitando la sensación de estar a la deriva que algunos pueden experimentar durante la jubilación. Así que, comprometerse en actividades post-jubilación no solo es beneficioso para el bienestar mental y emocional, sino que también permite mantener un sentido de estructura y propósito en la vida diaria.

Contribución a la Comunidad: Al participar activamente, los jubilados tienen la oportunidad de dejar un impacto positivo en su comunidad. Ya sea a través de la voluntariedad, la mentoría o simplemente compartiendo su sabiduría y experiencia, pueden seguir siendo una fuente valiosa de conocimiento y apoyo.

La etapa de la jubilación no significa el fin de la capacidad de un individuo para impactar positivamente en su entorno. De hecho, es un período donde muchos encuentran un nuevo propósito y significado a través de su participación activa en la comunidad.

Los jubilados, con sus años de experiencia y conocimientos acumulados, están en una posición única para aportar de manera significativa a su comunidad. La voluntariedad, por ejemplo, permite a los jubilados donar su tiempo y habilidades a causas que les apasionan, ya sea ayudando en organizaciones benéficas locales, asesorando en centros de aprendizaje o apoyando a jóvenes emprendedores.

Reiteramos que la mentoría es otra forma en la que los jubilados pueden influir positivamente en las vidas de otros. Al compartir su sabiduría, consejos y lecciones aprendidas, pueden guiar y ayudar a las generaciones más jóvenes a navegar por sus propios desafíos y decisiones. Esta transferencia intergeneracional de conocimientos fortalece los lazos comunitarios y asegura que la sabiduría y las experiencias no se pierdan con el tiempo.

Además, simplemente compartiendo historias, experiencias y perspectivas de vida, los jubilados pueden enriquecer el tejido cultural y social de la comunidad.

Estos intercambios fomentan el entendimiento mutuo, promueven el respeto y construyen un sentido más profundo de comunidad.

En última instancia, la participación activa de los jubilados en la comunidad refuerza la idea de que todos, independientemente de la edad, tienen un valor y un rol vital en la construcción y mejoramiento de nuestra sociedad. Cada contribución, grande o pequeña, suma y enriquece la vida comunitaria, asegurando un legado duradero para las generaciones futuras.

Reafirmación de la Identidad: Más allá del título profesional o del rol laboral que uno haya tenido, el compromiso activo permite a los jubilados reafirmar y redescubrir su identidad. Se convierten en líderes, mentores, voluntarios o artistas, y continúan creciendo y evolucionando en esta nueva etapa de la vida.

A lo largo de nuestras vidas, nuestra identidad a menudo está ligada a nuestras profesiones o roles laborales. Nos presentamos como "ingenieros", "maestros", "médicos", entre otros. Estos títulos no solo denotan nuestra ocupación, sino que también se convierten en una parte integral de cómo nos vemos a nosotros mismos y cómo nos presentamos ante el mundo.

Sin embargo, al llegar la jubilación, esta etiqueta profesional que ha sido una constante durante décadas puede desvanecerse, llevando a algunos a preguntarse: "¿Quién soy ahora que ya no soy [profesión]?". Es un periodo de transición que puede generar dudas y reflexiones sobre la propia identidad.

El compromiso activo en actividades y comunidades después de la jubilación ofrece una oportunidad única para reafirmar y redescubrir la identidad más allá de la vida laboral. Al involucrarse en diferentes actividades, los jubilados tienen la posibilidad de adoptar nuevos roles que quizás no habían explorado antes.

Por ejemplo, alguien que fue contable toda su vida podría descubrir una pasión por la pintura y comenzar a identificarse como "artista". Otro puede encontrar satisfacción en el voluntariado y comenzar a verse como un "mentor" o "líder comunitario".

Este proceso no solo permite a los jubilados continuar contribuyendo a la sociedad de maneras valiosas, sino que también les da la oportunidad de seguir creciendo y evolucionando personalmente. En esta nueva etapa, pueden explorar facetas de sí mismos que quizás estuvieron latentes o que no tuvieron la oportunidad de desarrollar anteriormente.

Encontrar un sentido de propósito a través del compromiso activo durante la jubilación no solo beneficia a la comunidad, sino que también enriquece la vida del individuo, proporcionando dirección, significado y una profunda sensación de pertenencia.

El compromiso activo en la jubilación no es simplemente una forma de pasar el tiempo, sino una estrategia para enriquecer la vida, fortalecer la comunidad y promover el bienestar personal y colectivo. La jubilación puede ser una de las etapas más productivas y gratificantes de la vida si se aborda con intención y participación activa.

La participación en grupos y clubes locales es una forma efectiva para que los jubilados se mantengan conectados, activos y comprometidos con su comunidad, al mismo tiempo que disfrutan de las recompensas de la interacción social y el desarrollo personal. Es una inversión en su bienestar y en el bienestar de su comunidad.

La jubilación, lejos de ser un período de inactividad, puede ser una época de renovación y descubrimiento. Las posibilidades son infinitas y, con el tiempo y la libertad que ofrece la jubilación, los mayores tienen la oportunidad única de reinventarse y seguir contribuyendo de manera significativa a la sociedad.

Educación continua: Muchas personas jubiladas eligen seguir aprendiendo y educándose. Pueden tomar clases, ofrecer charlas o talleres en su área de experiencia o incluso convertirse en estudiantes a tiempo completo. Su búsqueda de conocimiento inspira a otros y enriquece la comunidad.

La jubilación no significa el fin del camino en el aprendizaje. De hecho, para muchos, representa un nuevo comienzo, un momento para explorar intereses que quizás habían sido postergados durante años de trabajo y responsabilidades familiares. Es una etapa de la vida donde la curiosidad y el deseo de aprender pueden florecer sin las restricciones de un horario laboral.

Para muchos jubilados, inscribirse en clases en universidades o centros de educación para adultos es una forma popular de continuar su educación. Ya sea que opten por estudiar un área completamente nueva o profundizar en un campo que siempre les ha interesado, estas clases brindan una oportunidad no solo de adquirir nuevos conocimientos, sino también de socializar y establecer nuevas conexiones.

Además, hay jubilados que, debido a su vasta experiencia en un campo específico, deciden ofrecer charlas, seminarios o talleres. Esta transferencia de conocimientos es invaluable, ya que permite a las generaciones más jóvenes beneficiarse de décadas de experiencia y sabiduría.

Otra opción que algunos jubilados eligen es convertirse en estudiantes a tiempo completo. Nunca es tarde para obtener un nuevo título o incluso comenzar una carrera completamente nueva.

Esta decisión, más allá de la adquisición de conocimientos, es una muestra del deseo de mantenerse activo, desafiado y comprometido con el crecimiento personal.

La participación activa de los jubilados en la educación continua no solo beneficia a los propios individuos, sino también a la comunidad en su conjunto. Su entusiasmo por aprender, su compromiso con la educación y su disposición para compartir su conocimiento son fuentes de inspiración para personas de todas las edades y enriquecen la vida cultural y académica de la comunidad. La educación continua en la jubilación demuestra que el aprendizaje es un viaje de toda la vida, y que la pasión por el conocimiento no tiene límites de edad.

Cuidado de la familia: El apoyo y la asistencia a la familia, en especial a los nietos, son formas significativas de contribuir después de la jubilación. Esto puede permitir que los padres de la siguiente generación continúen sus carreras mientras saben que sus seres queridos están bien cuidados.

La jubilación puede abrir una nueva etapa de conexión y apoyo dentro de la familia. Para muchos jubilados, la posibilidad de asistir y cuidar a sus seres queridos, especialmente a los nietos, se convierte en una de las actividades más gratificantes de esta fase de la vida.

Este rol activo en el cuidado de la familia tiene beneficios bidireccionales. Por un lado, los jubilados encuentran un sentido renovado de propósito y conexión al poder estar presentes en la vida diaria de sus nietos, observando su crecimiento, educación y evolución de cerca. Estas interacciones fortalecen los lazos familiares y crean recuerdos invaluables tanto para los abuelos como para los nietos.

Por otro lado, para los padres de la nueva generación, contar con el apoyo de los abuelos es una bendición. Esto les permite continuar con sus responsabilidades laborales y personales con la tranquilidad de saber que sus hijos están en manos amorosas y experimentadas. Además, esta dinámica puede ofrecer un alivio económico en términos de gastos de cuidado infantil.

Sin embargo, más allá del apoyo práctico, la presencia activa de los jubilados en la vida familiar también tiene un componente emocional y educativo importante. Los nietos pueden beneficiarse de las historias, lecciones y sabiduría que sus abuelos comparten, proporcionando una perspectiva intergeneracional que enriquece su comprensión del mundo y de su propio lugar dentro de la historia familiar.

Emprendimiento: Algunas personas jubiladas aprovechan su experiencia y creatividad para emprender nuevos negocios o proyectos. Esto no solo les brinda una salida para su pasión, sino que también puede generar empleo y contribuir al crecimiento económico local.

Aunque muchas personas asocian la jubilación con un retiro del mundo laboral, cada vez es más común que los jubilados decidan emprender nuevos caminos en el mundo empresarial. Equipados con años de experiencia, conocimientos y una red de contactos, muchos jubilados ven esta etapa de la vida como una oportunidad dorada para iniciar un negocio o proyecto personal.

El emprendimiento en la jubilación tiene varias ventajas. En primer lugar, permite a las personas jubiladas seguir haciendo lo que aman, pero con la flexibilidad de definir sus propios horarios y ritmos de trabajo. Esta libertad les da la posibilidad de equilibrar su vida personal con la profesional de una manera que tal vez no fue posible en etapas anteriores de su carrera.

Además, al iniciar un negocio propio, los jubilados tienen la oportunidad de dejar un legado. Pueden crear algo que perdure en el tiempo y que, eventualmente, beneficie a sus familias o a la comunidad en general.

Desde un punto de vista económico, el emprendimiento de personas jubiladas puede tener un impacto positivo en la economía local. Al establecer negocios, se generan empleos, se fomenta el consumo y se estimula el crecimiento económico. Además, estos nuevos negocios a menudo se benefician de la sabiduría y la prudencia que vienen con la experiencia, lo que puede resultar en estrategias de negocio más sostenibles y decisiones más informadas.

Por supuesto, el emprendimiento también tiene sus desafíos, pero para muchos jubilados, los beneficios superan ampliamente los obstáculos. En última instancia, emprender en la jubilación es una demostración de que nunca es tarde para perseguir una pasión, tomar riesgos y hacer una diferencia en el mundo.

La jubilación no significa el final de la contribución a la sociedad. De hecho, puede ser una etapa en la que las personas encuentren nuevas formas de impactar positivamente en sus comunidades y en el mundo en general. Las diferentes formas de aportar después de la jubilación son diversas y pueden adaptarse a los intereses y habilidades individuales, lo que hace que esta etapa de la vida sea aún más enriquecedora.

La importancia de mantenerse activo y comprometido.

La vida es un continuo proceso de aprendizaje y crecimiento, y esta verdad no se detiene a medida que avanzamos en edad. Mantenerse activo y comprometido en diversas actividades no solo es beneficioso para la salud física y mental, sino que también enriquece la calidad de vida y potencia el sentido de propósito y pertenencia. Por ejemplo:

Salud Física y Actividad Regular en la Tercera Edad

Estar activo, ya sea a través del ejercicio regular, la danza, o incluso caminar diariamente, tiene múltiples beneficios para la salud. Mejora la circulación, fortalece el sistema cardiovascular, mantiene la flexibilidad y ayuda a prevenir enfermedades relacionadas con el sedentarismo, como la obesidad o la diabetes.

La actividad física es crucial en todas las etapas de la vida, pero en la tercera edad adquiere una relevancia particular. A medida que envejecemos, el cuerpo experimenta cambios naturales que pueden afectar la movilidad, la fuerza y la resistencia. Incorporar movimiento y actividad regular durante esta fase puede aportar múltiples beneficios:

Prevención de enfermedades crónicas: El ejercicio regular puede ayudar a reducir el riesgo de enfermedades cardíacas, diabetes tipo 2, osteoporosis y ciertos tipos de cáncer. También mejora el control de la hipertensión.

El ejercicio regular no es solo una herramienta para mantener un peso saludable o mejorar la estética corporal; es fundamental para prevenir una variedad de enfermedades crónicas que afectan a millones de personas en todo el mundo. Incorporar actividad física a nuestra rutina diaria es una de las decisiones más inteligentes que podemos tomar para nuestra salud a largo plazo.

Primero, pensemos en el corazón, nuestro incansable motor. El ejercicio fortalece el músculo cardíaco, mejora la circulación y facilita que el corazón bombee sangre con eficiencia. Esta optimización cardiovascular reduce significativamente el riesgo de enfermedades cardíacas, incluyendo ataques al corazón y accidentes cerebrovasculares.

La diabetes tipo 2, otra enfermedad crónica que ha experimentado un aumento alarmante en las últimas décadas, también se ve influenciada por nuestros hábitos de ejercicio. La actividad física regular mejora la capacidad del cuerpo para regular el azúcar en la sangre y usar la insulina de manera efectiva. Al mantener niveles constantes de glucosa, reducimos el riesgo de desarrollar resistencia a la insulina y, por ende, diabetes.

En cuanto al sistema óseo, el ejercicio, en particular el entrenamiento de resistencia y el impacto controlado, como correr o saltar, aumenta la densidad ósea. Esto es esencial para prevenir la osteoporosis, una enfermedad que hace que los huesos se vuelvan frágiles y propensos a fracturas.

El ejercicio también tiene un papel en la prevención del cáncer. Si bien no es una garantía absoluta, se ha demostrado que la actividad física regular disminuye el riesgo de ciertos tipos de cáncer, incluyendo el de mama y colon.

Por último, pero no menos importante, está la hipertensión o presión arterial alta. El ejercicio ayuda a mantener las arterias flexibles y elásticas, lo que facilita el flujo de sangre y regula la presión arterial.

Mejora de la movilidad y equilibrio: Con la edad, es común experimentar pérdida de equilibrio y flexibilidad. La actividad física regular puede ayudar a prevenir caídas y lesiones al fortalecer los músculos y mejorar la coordinación.

El paso de los años conlleva cambios inevitables en nuestro cuerpo. La pérdida de flexibilidad, movilidad y equilibrio son algunos de los retos que enfrentamos al envejecer. Estos factores pueden afectar nuestra calidad de vida, limitando nuestra capacidad para realizar actividades cotidianas y aumentando el riesgo de caídas y lesiones. Sin embargo, la actividad física regular se presenta como una solución efectiva para contrarrestar estos efectos del envejecimiento.

Uno de los principales beneficios del ejercicio es el fortalecimiento muscular. Cuando practicamos actividades que involucran resistencia, como levantar pesas o hacer ejercicios corporales, nuestros músculos se vuelven más fuertes y resistentes. Músculos tonificados y en buen estado facilitan movimientos diarios como levantarse de una silla, subir escaleras o cargar objetos.

El equilibrio, por otro lado, es una habilidad que se puede entrenar y mejorar. Disciplinas como el yoga, tai chi o pilates son particularmente efectivas para esto. Estas prácticas fomentan la conciencia corporal, la coordinación y la estabilidad, enseñando al cuerpo a moverse de manera armónica y controlada. Además, al mejorar nuestra capacidad de equilibrio, reducimos significativamente el riesgo de sufrir caídas, un problema común y a menudo peligroso en las personas mayores.

La flexibilidad es otro aspecto que se beneficia del ejercicio. A través de estiramientos y movimientos articulares, mantenemos o recuperamos la capacidad de nuestras articulaciones para moverse en un rango completo. Esto se traduce en movimientos más fluidos y menos dolorosos.

Además, al mejorar la movilidad y equilibrio, se experimenta un aumento en la confianza y seguridad personal. Saber que se cuenta con la fuerza y estabilidad necesarias para moverse sin miedo a caer es liberador.

La actividad física es una herramienta invaluable en la lucha contra la pérdida de movilidad y equilibrio asociada con la edad. No solo fortalece el cuerpo, sino que también potencia nuestra independencia y autonomía, aspectos clave para una vida plena y satisfactoria.

Mantenimiento de la Independencia a través de una Buena Salud Física

Una buena salud física permite a las personas mayores realizar actividades diarias sin asistencia, como subir escaleras, cargar objetos o caminar distancias más largas.

La independencia es uno de los valores más apreciados en la vida de una persona. Nos proporciona una sensación de autonomía, control y dignidad. A medida que envejecemos, el deseo de mantener esa independencia se vuelve aún más crucial. Y aquí, una buena salud física juega un papel protagonista.

La capacidad de realizar actividades diarias sin la necesidad de asistencia es, en muchas ocasiones, sinónimo de libertad. Imagina la satisfacción de poder subir un tramo de escaleras sin fatiga, llevar las bolsas del supermercado sin requerir ayuda, o caminar distancias largas disfrutando del paisaje sin preocuparse por el cansancio. Estas tareas, que a menudo damos por sentado en nuestra juventud, adquieren un significado especial con el paso de los años.

El ejercicio regular y una nutrición adecuada son pilares fundamentales para conservar esa vitalidad. Fortalecer los músculos, mantener las articulaciones flexibles y cuidar nuestra salud cardiovascular nos brinda resistencia y fortaleza para enfrentar las demandas físicas de la vida cotidiana. Un cuerpo en buen estado no solo es menos propenso a lesiones, sino que también se recupera más rápidamente de posibles contratiempos.

Más allá del aspecto físico, la independencia tiene un profundo impacto emocional y psicológico. Saber que uno es capaz de cuidar de sí mismo, de enfrentar retos y de no depender constantemente de otros para tareas básicas refuerza la autoestima y el sentido de autoeficacia. Esto, a su vez, promueve una actitud positiva hacia la vida, reduce el riesgo de depresión y fomenta una mayor interacción social.

Para concluir, mantener una buena salud física en la tercera edad no solo es una cuestión de bienestar físico, sino que es la llave para preservar la independencia y la autonomía. Es una inversión que garantiza calidad de vida, dignidad y la capacidad de disfrutar plenamente cada etapa de nuestra existencia.

Estimulación Mental a través de la Actividad Física

La actividad física, como caminar o practicar tai chi, puede mejorar la función cognitiva y ayudar a prevenir trastornos neurodegenerativos como el Alzheimer.

A menudo, cuando pensamos en los beneficios del ejercicio, nos centramos en sus efectos sobre el cuerpo: músculos tonificados, huesos fuertes, un corazón saludable. Sin embargo, las ventajas de la actividad física van más allá del bienestar corporal, extendiéndose a nuestra mente. Sí, ejercitarse regularmente también es un estímulo para nuestro cerebro.

Estudios recientes han demostrado que actividades físicas, como caminar o practicar tai chi, pueden tener un impacto directo en la función cognitiva. ¿Cómo ocurre esto? Al realizar ejercicio, se aumenta el flujo sanguíneo al cerebro, lo que facilita la llegada de oxígeno y nutrientes esenciales para su óptimo funcionamiento. Además, se liberan sustancias químicas como el factor neurotrófico derivado del cerebro (BDNF, por sus siglas en inglés), que promueve la salud y el crecimiento de las células nerviosas.

Estas mejoras a nivel celular pueden traducirse en beneficios tangibles: memoria más aguda, mayor capacidad de concentración, y habilidades de resolución de problemas más eficientes. Pero no solo eso, la actividad física también juega un papel en la prevención de trastornos neurodegenerativos.

El Alzheimer, una enfermedad que afecta a millones de personas en el mundo, está asociado con la acumulación de placas en el cerebro. El ejercicio, al mejorar la circulación y la salud celular, puede contribuir a retrasar o incluso prevenir la aparición de este tipo de enfermedades.

Por otra parte, practicar disciplinas como el tai chi, que combina movimiento con meditación, añade una capa adicional de protección cognitiva. Esta práctica no solo fortalece el cuerpo, sino que también calma la mente, reduciendo el estrés y la ansiedad, factores que se han asociado con un deterioro cognitivo acelerado.

La actividad física es una herramienta poderosa no solo para mantenernos en forma, sino también para cuidar y fortalecer nuestra mente. Incorporarla en nuestra rutina diaria es una inversión en nuestro bienestar integral, asegurándonos una mente aguda y un cerebro saludable a lo largo de los años.

Mejora del Estado de Ánimo a través del Ejercicio

La liberación de endorfinas durante el ejercicio ayuda a combatir sentimientos de depresión y soledad, comunes en esta etapa de la vida.

El bienestar emocional es tan crucial para nuestra calidad de vida como la salud física. En la tercera edad, enfrentar cambios en la rutina, el entorno o la salud puede dar lugar a sentimientos de soledad, tristeza o incluso depresión. Sin embargo, el ejercicio emerge como un poderoso aliado para mejorar el estado de ánimo y combatir estos sentimientos adversos.

Cuando nos ejercitamos, nuestro cuerpo libera una serie de sustancias químicas llamadas endorfinas. Estas moléculas, conocidas popularmente como las "hormonas de la felicidad", tienen propiedades analgésicas naturales que reducen la percepción del dolor. Además, generan una sensación de bienestar y euforia que puede durar horas después de haber finalizado la actividad física.

Este efecto bioquímico, combinado con otros beneficios del ejercicio, como la mejora en la calidad del sueño y la sensación de logro al alcanzar objetivos, puede ser determinante para mejorar el estado de ánimo de quienes lo practican regularmente. La actividad física se convierte, así, en una especie de antidepresivo natural, sin los efectos secundarios que suelen acompañar a los medicamentos.

Además, el ejercicio en grupo, como clases de baile, yoga o caminatas comunitarias, promueve la interacción social. Esta conexión con otros, compartir logros y desafíos, se convierte en un antídoto contra la soledad, permitiendo a las personas mayores fortalecer su red de apoyo y sentirse parte de una comunidad.

Es esencial, sin embargo, elegir una actividad que se disfrute. No se trata solo de mover el cuerpo, sino de hacerlo de una manera que aporte felicidad y satisfacción. Ya sea bailar, nadar, o caminar, el ejercicio debe ser una fuente de alegría.

En definitiva, el ejercicio no solo fortalece músculos y huesos, sino que también nutre el espíritu. Incorporarlo en la rutina diaria puede ser la clave para disfrutar de una vejez más plena, activa y, sobre todo, feliz.

Fortalecimiento Óseo y la Importancia del Ejercicio en la Tercera Edad

La pérdida de densidad ósea es común en la tercera edad. Actividades de resistencia o de impacto moderado, como caminar o levantar pesas ligeras, pueden ayudar a combatir la osteoporosis.

La salud de nuestros huesos es fundamental para mantener una buena calidad de vida, especialmente al avanzar en edad. Uno de los desafíos que enfrentan muchas personas mayores es la pérdida de densidad ósea, que puede dar lugar a condiciones como la osteoporosis, una enfermedad que hace que los huesos se vuelvan frágiles y propensos a fracturas.

A medida que envejecemos, la renovación y formación de tejido óseo disminuye, lo que lleva a una menor densidad y a huesos más vulnerables. Sin embargo, a pesar de este proceso natural, hay acciones que se pueden tomar para ralentizar o incluso revertir esta pérdida, y una de las más efectivas es la actividad física.

El ejercicio, especialmente aquel que involucra resistencia o impacto moderado, actúa como un estímulo para los huesos. Al someterlos a ciertas presiones, como ocurre al caminar, correr o levantar pesas, se fomenta la formación de tejido óseo. Es una especie de respuesta adaptativa: al enfrentar tensiones, el hueso se fortalece para soportarlas.

Además de la caminata y la carrera ligera, actividades como el levantamiento de pesas, el yoga y la danza son excelentes para este propósito. No solo trabajan contra la resistencia, promoviendo la densidad ósea, sino que también mejoran la flexibilidad y el equilibrio, factores clave para prevenir caídas que pueden resultar en fracturas.

Es esencial que, al incorporar estas actividades en la rutina diaria, se haga de manera progresiva y adaptada a las capacidades individuales. Consultar a un profesional de salud o a un fisioterapeuta es vital para asegurar que los ejercicios se realicen de forma segura.

Mantener una vida activa en la tercera edad no solo aporta beneficios a nivel cardiovascular o muscular, sino que es una herramienta poderosa en la prevención de enfermedades óseas. Unos huesos fuertes son sinónimo de independencia, movilidad y calidad de vida en los años dorados.

El Valor Social del Ejercicio en la Tercera Edad

La participación en clases de ejercicio o grupos de caminata puede brindar un entorno social, permitiendo a los adultos mayores interactuar y formar nuevas amistades.

El ejercicio físico es ampliamente reconocido por sus beneficios para la salud, pero más allá de sus ventajas físicas, tiene un impacto social significativo, especialmente para los adultos mayores. La tercera edad puede presentar desafíos relacionados con el aislamiento o la soledad, debido a factores como la jubilación, la pérdida de seres queridos o la reubicación a nuevas viviendas. En este contexto, las actividades físicas colectivas emergen como una solución eficaz.

Participar en clases de ejercicio, ya sea aeróbica, yoga, o simplemente grupos de caminata, brinda a los adultos mayores una excelente oportunidad para socializar. Estas actividades no solo promueven la salud física, sino que también crean espacios donde se pueden formar y fortalecer lazos sociales.

El contacto regular con compañeros en un ambiente relajado y positivo fomenta la comunicación y el apoyo mutuo. Las conversaciones que surgen durante estas actividades no solo giran en torno al ejercicio en sí, sino que se convierten en intercambios sobre experiencias de vida, consejos, historias y risas compartidas. Estas interacciones reducen la sensación de soledad y pueden mejorar significativamente el bienestar emocional.

Además, pertenecer a un grupo o clase establece un compromiso y responsabilidad. El saber que alguien espera tu presencia o que tu ausencia se notará, puede ser un poderoso motivador para mantener una rutina de ejercicio y, al mismo tiempo, mantener un contacto social constante.

Estudios han demostrado que las redes sociales y las relaciones significativas pueden prolongar la vida, mejorar la salud mental y aumentar la resiliencia ante adversidades. En la tercera edad, donde los cambios son constantes, tener un grupo de apoyo y camaradería es invaluable.

En resumen, el aspecto social del ejercicio en la tercera edad va más allá de la mera actividad física. Se trata de crear comunidades, fortalecer lazos y brindar un sentido de pertenencia y propósito en una etapa en la que, más que nunca, la conexión humana es esencial.

El Vínculo entre la Actividad Física y un Sueño Saludable

La actividad física promueve un sueño más profundo y reparador, crucial para la recuperación y el bienestar general.

Dormir bien es fundamental para nuestra salud y bienestar, y el ejercicio puede desempeñar un papel crucial en la mejora de la calidad del sueño, especialmente en los adultos mayores. A medida que envejecemos, es común experimentar cambios en nuestros patrones de sueño, incluidas dificultades para conciliar el sueño o mantenerlo. Sin embargo, la actividad física emerge como una solución efectiva para estos problemas.

La relación entre el ejercicio y el sueño es bidireccional. Mientras que un buen descanso nocturno nos proporciona la energía necesaria para enfrentar actividades físicas durante el día, el ejercicio, a su vez, contribuye a un sueño más profundo y reparador.

El motivo detrás de esta relación es multifacético:

La Actividad Física y su Influencia en el Ritmo Circadiano.

La actividad física durante el día, especialmente si se realiza al aire libre y se expone a la luz natural, ayuda a recalibrar nuestro reloj biológico interno, o ritmo circadiano. Esto favorece la sincronización de los patrones de sueño con la luz del día y la oscuridad de la noche.

El ritmo circadiano, también conocido como nuestro "reloj biológico", es un ciclo de 24 horas que regula diversas funciones fisiológicas en nuestro cuerpo, desde el sueño hasta la digestión. Es innato en todos nosotros y se sincroniza principalmente con la luz del día y la oscuridad de la noche. Sin embargo, factores como la actividad física y la exposición a la luz natural también juegan un papel fundamental en su regulación.

Realizar actividad física durante el día, especialmente al aire libre, tiene múltiples beneficios para nuestra salud. Uno de los más notables es cómo puede influir en la regulación y recalibración de nuestro ritmo circadiano. A continuación, se detallan las razones:

El ejercicio, al ser una herramienta para exponernos a la luz natural y al mismo tiempo una forma de liberar tensiones y energía acumulada, ayuda a sincronizar nuestros patrones de sueño con la transición natural del día a la noche. De esta forma, un simple paseo al aire libre o una rutina de ejercicios puede tener un impacto significativo en la regulación de nuestro ritmo circadiano y, por ende, en la calidad de nuestro sueño.

Mantener una rutina regular de ejercicio es una estrategia efectiva para combatir los trastornos del sueño, mejorando no solo la cantidad, sino también la calidad del descanso nocturno, fundamental para la salud y el bienestar en todas las etapas de la vida.

Incorporar una rutina de ejercicios adaptada a las capacidades y necesidades de cada persona en la tercera edad es esencial. Siempre es recomendable consultar con un profesional de salud antes de iniciar cualquier programa de actividad física. Sin embargo, con la orientación adecuada, el ejercicio puede ser una herramienta poderosa para mantener una vida activa, saludable y plena durante los años dorados.

Salud mental en la tercera edad: El compromiso en actividades intelectuales, como la lectura, la resolución de acertijos o el aprendizaje de una nueva habilidad, fortalece la agilidad mental y puede retrasar o prevenir enfermedades degenerativas como el Alzheimer. Además, la sensación de logro y satisfacción al aprender algo nuevo o superar desafíos puede ser un potente antídoto contra la depresión o la sensación de aislamiento.

Salud Mental y Estimulación Intelectual en la Tercera Edad

Con el avance de la edad, las preocupaciones sobre la salud mental se vuelven más prominentes. La pérdida de memoria, la confusión y otras dificultades cognitivas pueden generar temor y ansiedad en los adultos mayores. Sin embargo, al igual que cualquier otro músculo del cuerpo, el cerebro necesita ejercicio y estímulo para mantenerse en forma y saludable.

Actividades Intelectuales como Fortalecimiento Cerebral: La lectura, por ejemplo, no solo proporciona conocimiento, sino que también estimula diferentes áreas del cerebro, mejorando la concentración, el vocabulario y la imaginación. Por otro lado, resolver acertijos o crucigramas refuerza la lógica y la memoria de trabajo, habilidades que tienden a declinar con la edad.

Las actividades intelectuales, como la lectura o la resolución de acertijos, desempeñan un papel crucial en el mantenimiento y fortalecimiento de la salud cerebral. Al sumergirnos en un libro, no sólo adquirimos información, sino que también activamos y estimulamos diversas zonas cerebrales. Por ejemplo, al seguir una trama o identificar con un personaje, mejoramos nuestra capacidad de concentración y enriquecemos nuestro vocabulario. Asimismo, al imaginar escenarios, personajes o lugares, nuestra creatividad y habilidades imaginativas se potencian.

Por otra parte, los acertijos, crucigramas y otros rompecabezas desafían nuestra mente de manera diferente. Estas actividades exigen un pensamiento lógico y crítico, y ponen a prueba nuestra memoria de trabajo, aquella que usamos para almacenar información temporalmente y procesarla. Con el tiempo, es natural que ciertas habilidades cognitivas, como la memoria de trabajo, comiencen a declinar. Sin embargo, al enfrentar regularmente estos desafíos mentales, podemos fortalecer y preservar estas habilidades, retrasando o atenuando dicho declive.

Involucrarse en actividades intelectuales es una forma efectiva de ejercitar y fortalecer el cerebro, al igual que el ejercicio físico beneficia nuestro cuerpo.

Aprender en la Vejez: Beneficios y Neuroplasticidad

Involucrarse en el aprendizaje de una nueva habilidad, ya sea tocar un instrumento musical, aprender un nuevo idioma o incluso dominar una nueva receta de cocina, tiene múltiples beneficios.

Estas actividades no solo mantienen activas las conexiones neuronales, sino que también pueden generar nuevas. Este proceso se conoce como neuroplasticidad y es esencial para mantener la agilidad mental.

Aunque muchas personas asocian el aprendizaje con las primeras etapas de la vida, la vejez es un período igualmente propicio y valioso para adquirir nuevas habilidades y conocimientos. Ya sea tomando las cuerdas de una guitarra por primera vez, sumergiéndose en la gramática de un idioma extranjero, o experimentando en la cocina, aprender en la tercera edad ofrece beneficios cognitivos significativos.

Estas actividades intelectuales y prácticas no solo reafirman y fortalecen las conexiones neuronales preexistentes, sino que, sorprendentemente, pueden llevar a la formación de nuevas conexiones cerebrales. Este fenómeno, conocido como neuroplasticidad, demuestra que nuestro cerebro es adaptable y moldeable, independientemente de la edad. La constante estimulación mental a través del aprendizaje refuerza esta plasticidad, contribuyendo a mantener la mente ágil y resiliente.

Por lo tanto, embarcarse en nuevos aprendizajes durante la vejez no solo es un reto enriquecedor y gratificante, sino que también constituye una valiosa herramienta para preservar y potenciar la salud cerebral.

Prevención de Enfermedades Degenerativas a través de Actividades Intelectuales

Estas actividades intelectuales no solo ofrecen una fuente de entretenimiento y desarrollo personal, sino que también pueden desempeñar un papel en la prevención o retraso de enfermedades como el Alzheimer. Aunque no se garantiza una protección total, numerosos estudios han demostrado que las personas que mantienen un alto nivel de actividad mental tienen menos probabilidades de desarrollar demencia.

Las actividades intelectuales, como la lectura, la resolución de acertijos o el aprendizaje constante, son mucho más que simples pasatiempos. Estas tareas cognitivas tienen el poder de beneficiar significativamente nuestra salud cerebral en la vejez. El cerebro, al igual que otros músculos del cuerpo, necesita ejercicio y estimulación para mantenerse en forma.

En el contexto de enfermedades degenerativas como el Alzheimer, estas actividades pueden actuar como un escudo protector. Aunque no pueden ofrecer una inmunidad completa, sí contribuyen a reducir el riesgo. Varios estudios han revelado que individuos que se mantienen mentalmente activos y desafían constantemente a su cerebro tienen una menor incidencia de demencia en comparación con aquellos que llevan un estilo de vida cognitivamente pasivo.

El compromiso continuo con actividades intelectuales no solo enriquece nuestra vida diaria, sino que también puede ser una estrategia efectiva para prevenir o retrasar la aparición de trastornos neurodegenerativos. Es una inversión en nuestra salud mental a largo plazo.

Bienestar Emocional y Logro en la tercera edad: Más allá de los beneficios cognitivos, el compromiso en estas actividades promueve una sensación de logro. Superar un desafío, dominar una nueva habilidad o simplemente sumergirse en un libro puede ser una fuente vital de satisfacción y autoestima. Esto es esencial en una etapa donde muchos adultos mayores pueden sentirse marginados o menos valorados.

La tercera edad, a menudo vista como una etapa de retiro y reflexión, también puede ser un período de logros y crecimiento personal. Las actividades intelectuales, como aprender una nueva habilidad o sumergirse en la lectura, no solo fortalecen la mente, sino que también nutren el espíritu.

Enfrentar y superar desafíos, ya sea resolver un acertijo complicado, aprender a tocar una melodía en un instrumento musical o descubrir un nuevo hobby, genera una sensación de logro. Esta sensación es un impulso poderoso para la autoestima, especialmente en una fase de la vida donde es fácil sentirse desplazado o menos reconocido por la sociedad.

El bienestar emocional en la tercera edad es tan crucial como la salud física. La sensación de logro y pertenencia combate sentimientos de aislamiento, soledad o inutilidad. Por lo tanto, involucrarse activamente en actividades intelectuales no solo es una inversión para la agilidad mental, sino también para el corazón y el alma.

En definitiva, el compromiso en actividades intelectuales y de aprendizaje en la tercera edad no solo nutre el cerebro, sino también el espíritu. Es una inversión en la calidad de vida, tanto cognitiva como emocionalmente, y una herramienta poderosa contra el aislamiento y la depresión.

Capítulo 2:

El potencial inexplorado de nuestros adultos mayores.

En una sociedad que a menudo pone énfasis en la juventud y la innovación, es fácil pasar por alto la riqueza de experiencia, sabiduría y perspectiva que nuestros adultos mayores aportan. Sin embargo, detrás de cada cana y arruga se encuentra una vida llena de lecciones, logros y habilidades que, si se aprovechan adecuadamente, pueden beneficiar a generaciones presentes y futuras.

En este capítulo, exploraremos el vasto potencial que yace en esta demografía a menudo subestimada, destacando su invaluable contribución y la necesidad de reintegrarlos activamente en el tejido social y económico de nuestra sociedad.

La riqueza de la experiencia y la sabiduría acumulada

La vida es un continuo proceso de aprendizaje, y con cada año que pasa, adquirimos nuevas experiencias que moldean nuestra perspectiva y entendimiento del mundo. Los adultos mayores, habiendo transitado por diversas etapas de la vida, poseen una amalgama de vivencias que no solo reflejan décadas de existencia, sino también una profundidad de comprensión que solo puede venir con el tiempo.

La experiencia no se limita a hechos aislados; es una combinación de éxitos, fracasos, amores, pérdidas, enfrentar adversidades y superar obstáculos. Cada una de estas situaciones aporta lecciones valiosas. Por ejemplo, enfrentar desafíos económicos puede enseñar resiliencia y creatividad, mientras que la pérdida de seres queridos puede ofrecer lecciones sobre el valor de la vida y las relaciones.

La sabiduría acumulada es más que solo conocimiento; es la habilidad de aplicar ese conocimiento de manera efectiva en situaciones variadas. Es una especie de "inteligencia práctica" que permite a las personas mayores ofrecer soluciones y consejos basados no solo en información, sino en la experiencia vivida. Esta sabiduría es especialmente útil en momentos de incertidumbre o crisis, donde la perspectiva a largo plazo puede ofrecer claridad y dirección.

Por otro lado, la sabiduría también se manifiesta en la empatía y la paciencia. Haber vivido múltiples situaciones les permite a los adultos mayores conectar con las personas de una manera más profunda, entendiendo que todos enfrentamos luchas y desafíos, y que estos son parte integral de la experiencia humana.

La sabiduría, la empatía y la paciencia en los adultos mayores

La sabiduría no se circunscribe únicamente al conocimiento adquirido o a la habilidad de tomar decisiones informadas. Va más allá y se entrelaza con cualidades humanas fundamentales como la empatía y la paciencia. Estas cualidades, aunque presentes en individuos de todas las edades, suelen manifestarse con mayor profundidad en los adultos mayores debido a las experiencias acumuladas a lo largo de sus vidas.

La empatía se refiere a la capacidad de ponerse en el lugar del otro, de sentir y comprender lo que otra persona está experimentando. Es una cualidad que se nutre y desarrolla a través de las vivencias propias. Al haber atravesado diversas situaciones, desde alegrías hasta tristezas, los adultos mayores han tenido múltiples oportunidades de sentir una amplia gama de emociones. Esta vasta experiencia emocional les permite relacionarse y comprender mejor a los demás, ya que pueden identificar y conectar con sentimientos que quizás hayan experimentado en algún punto de sus vidas.

La paciencia, por su parte, es la capacidad de tolerar y soportar situaciones adversas o desafiantes sin irritarse o angustiarse. Esta virtud, que suele cultivarse con el tiempo, se fortalece con la repetida exposición a situaciones que requieren espera, entendimiento y tolerancia. Los adultos mayores, habiendo enfrentado innumerables desafíos y esperas a lo largo de sus vidas, han aprendido el valor de la paciencia y la importancia de dar tiempo al tiempo.

Finalmente, estas vivencias y lecciones acumuladas no solo benefician a la persona que las ha experimentado, sino que también se convierten en herramientas valiosas para aconsejar, guiar y apoyar a las generaciones más jóvenes. La sabiduría, empatía y paciencia de los adultos mayores actúan como puentes de comprensión y conexión entre generaciones, subrayando que, a pesar de las diferencias de edad, todos formamos parte de la compleja y hermosa experiencia humana.

Sin embargo, en muchas culturas contemporáneas, esta riqueza de experiencia y sabiduría a menudo es pasada por alto en favor de la novedad y la rapidez. Es vital revalorizar y rescatar la importancia de los adultos mayores, reconociendo que su vida, lejos de haber concluido, sigue siendo una fuente inagotable de conocimientos y perspectivas que pueden enriquecer a la sociedad en su conjunto. Reconocer y aprovechar esta riqueza es esencial para construir comunidades más integradas, empáticas y sabias.

¿Por qué jubilarte si aún eres útil?

En la sociedad actual, la jubilación se considera una etapa inevitable que marca el final de la vida laboral activa. Tradicionalmente, se asocia con un retiro del mundo laboral y la transición hacia un período de descanso y ocio. Sin embargo, esta percepción ha ido evolucionando, especialmente en un mundo donde la esperanza de vida es cada vez mayor y la salud en la tercera edad ha mejorado significativamente.

Primero, es importante destacar que la idea de utilidad no se limita a la capacidad de desempeñar un trabajo o generar ingresos. La utilidad también abarca aspectos como la transmisión de conocimientos, la capacidad de ofrecer consejos basados en experiencias vividas, la mentoría y la guía a generaciones más jóvenes, y la participación activa en la comunidad.

Muchos adultos mayores, tras jubilarse, descubren que tienen un deseo renovado de contribuir, ya sea a través de trabajos voluntarios, consultorías, proyectos comunitarios o incluso emprendimientos propios. Su vasta experiencia les proporciona una perspectiva única que puede ser invaluable en diversos campos.

Además, la actividad constante, ya sea mental o física, es esencial para mantener una salud óptima en la tercera edad. La participación activa en actividades que generen un sentimiento de propósito puede ser beneficiosa para la salud mental y emocional.

Por supuesto, la decisión de continuar trabajando o involucrarse en actividades post-jubilación es altamente personal y depende de factores como la salud, las aspiraciones y las circunstancias financieras. Pero es fundamental reconocer que la jubilación no marca el final de la utilidad o contribución de una persona a la sociedad.

En definitiva, en lugar de preguntarnos "¿Por qué seguir activo tras jubilarse?", tal vez deberíamos replantear la cuestión y preguntar: "¿Por qué no?". La edad no debería ser una barrera para la contribución activa, sino más bien una etapa que ofrece una perspectiva rica y diversa, que puede y debe ser valorada. Así que, respondamos a esta pregunta:

¿Por qué no seguir activo tras jubilarse, si aún existe la capacidad de ser útil?

La jubilación, vista tradicionalmente como una pausa definitiva en la vida laboral, en realidad ofrece una multitud de oportunidades para aquellos que desean seguir siendo activos. En una era donde la esperanza de vida es mayor y la salud en la vejez ha mejorado, muchas personas llegan a la jubilación con energía, pasión y, sobre todo, con una vasta experiencia que puede ser aprovechada de múltiples maneras.

Más allá de la vida laboral, la utilidad de una persona se mide en su capacidad para contribuir al bienestar de la sociedad, compartir conocimientos y experiencias, y enriquecer la vida de otros. Muchos jubilados optan por participar en voluntariados, asesorías, mentorías a jóvenes profesionales o incluso en la creación de proyectos propios que habían pospuesto durante sus años de trabajo.

La actividad mental y física continua es fundamental para mantener una vida equilibrada y saludable. Las personas que eligen seguir activas después de jubilarse a menudo reportan mejor bienestar emocional, una sensación de propósito y una mayor conexión con la comunidad.

Además, el mundo moderno reconoce cada vez más el valor de la diversidad, no solo en términos de género o cultura, sino también de edad. Las generaciones mayores aportan una perspectiva y sabiduría que complementan el entusiasmo y la innovación de los más jóvenes.

Por supuesto, cada individuo debe considerar su propia salud, deseos y circunstancias personales al tomar la decisión de mantenerse activo tras la jubilación. Sin embargo, es esencial desafiar la narrativa convencional y considerar que la jubilación puede ser un nuevo comienzo, una oportunidad para redescubrir pasio-

nes, aprender nuevas habilidades y, lo más importante, continuar siendo un valioso activo para la sociedad.

Capítulo 3:

Nueva etapa, nuevos desafíos: Siempre es tiempo de servir

Cada fase de la vida viene acompañada de sus propios retos y recompensas. Aunque la jubilación pueda parecer el final de un ciclo laboral, en realidad marca el comienzo de un periodo lleno de posibilidades para servir, aprender y crecer. Con la experiencia y sabiduría acumuladas, los retos de esta etapa pueden transformarse en oportunidades invaluables de contribución a la sociedad.

La jubilación, lejos de ser una fase de mero descanso o inactividad, puede ser vista como un nuevo capítulo en la vida de una persona, lleno de oportunidades y aventuras por descubrir. Es un periodo que, en lugar de limitar, puede ampliar horizontes. Al haber trabajado durante años, los jubilados han adquirido no solo habilidades y conocimientos profesionales, sino también lecciones de vida, sabiduría y resiliencia.

Esta riqueza de experiencias se convierte en un activo invaluable. Los adultos mayores pueden ofrecer mentoría a las generaciones más jóvenes, compartir sus conocimientos en espacios educativos, o incluso embarcarse en nuevos proyectos que antes no tenían tiempo para explorar. Además, pueden dedicarse a actividades que les apasionan, continuar su formación académica, o involucrarse en labores comunitarias o voluntariado, aprovechando su tiempo para causar un impacto positivo en la sociedad.

Los desafíos que pueden presentarse durante la jubilación, como adaptarse a una rutina diferente o enfrentar problemas de salud, no necesariamente limitan estas posibilidades. De hecho, enfrentar y superar estos obstáculos puede ser en sí mismo una oportunidad para aprender y crecer, y para demostrar que la edad es solo un número. Al final, la jubilación puede ser un periodo de reinvención, donde la contribución a la sociedad no se detiene, sino que se transforma y se adapta a esta nueva etapa de la vida.

Superando obstáculos comunes en la tercera edad

La tercera edad es una etapa llena de matices y experiencias, y aunque viene acompañada de momentos enriquecedores, también presenta ciertos desafíos. Estos obstáculos, sin embargo, no son insuperables. Aquí se abordan algunos de los más comunes y las estrategias para enfrentarlos.

Salud Física en la Tercera Edad

A medida que avanzamos en edad, nuestro cuerpo puede mostrar signos de desgaste. Es esencial adoptar un estilo de vida saludable, que incluya una dieta equilibrada, actividad física regular y chequeos médicos periódicos.

A medida que envejecemos, el cuerpo comienza a presentar cambios naturales y ciertos signos de desgaste, como la disminución de la elasticidad de la piel, pérdida de masa muscular o la aparición de dolencias óseas. Estas manifestaciones son inevitables, pero su impacto puede ser atenuado con acciones proactivas.

Una dieta equilibrada es fundamental. Alimentarse con una variedad de nutrientes, incluyendo proteínas, vitaminas, minerales y otros compuestos esenciales, contribuye a fortalecer el sistema inmunológico, conservar la energía y mantener órganos y tejidos en óptimas condiciones. Es recomendable reducir el consumo de grasas saturadas, azúcares y sal para prevenir enfermedades cardiovasculares y otras afecciones.

La actividad física regular, adaptada a las capacidades de cada individuo, es igualmente crucial. Caminar, nadar o hacer yoga, por ejemplo, mejora la circulación, fortalece músculos y huesos, y potencia la coordinación y el equilibrio.

Por último, los chequeos médicos periódicos permiten detectar y tratar a tiempo posibles enfermedades, garantizando así una mejor calidad de vida y previniendo complicaciones futuras. Adoptar estos hábitos en la tercera edad no solo prolonga la vida, sino que la enriquece.

Salud Mental en la Tercera Edad

Problemas como la depresión, ansiedad o enfermedades neurodegenerativas pueden aparecer. Mantener una vida social activa, comprometerse en actividades intelectuales y buscar ayuda profesional cuando sea necesario son claves para mantener una mente sana.

Con el avance de la edad, el cuidado de la salud mental se vuelve tan importante como el físico. La tercera edad puede traer consigo desafíos emocionales como la depresión o la ansiedad, así como el riesgo de enfermedades neurodegenerativas como el Alzheimer. La pérdida de seres queridos, cambios en el estilo de vida o la sensación de soledad pueden agudizar estos problemas.

Mantener una vida social activa es esencial. Interactuar regularmente con familiares, amigos o grupos comunitarios fortalece la sensación de pertenencia y reduce el aislamiento. Además, el compromiso con actividades intelectuales, como la lectura, resolver cruci-gramas o aprender algo nuevo, estimula el cerebro, fortaleciendo su agilidad y previniendo su deterioro.

Sin embargo, no hay que subestimar la importancia de buscar ayuda profesional. Si se identifican síntomas de trastornos mentales, es vital acudir a especialistas que brinden orientación y tratamiento adecuado. Reconocer y abordar estos desafíos de manera proactiva permite disfrutar plenamente de esta etapa de la vida.

Aislamiento Social en la Tercera Edad

La pérdida de seres queridos o la distancia con la familia pueden llevar al aislamiento. Participar en actividades comunitarias o clubs de personas mayores, así como adoptar las tecnologías de comunicación, puede ayudar a mantenerse conectado.

Una de las realidades más difíciles que enfrentan muchos adultos mayores es el aislamiento social. Este puede ser resultado de la pérdida de seres queridos, la distancia geográfica de la familia o simplemente cambios en el entorno social. Este aislamiento no solo afecta emocionalmente, sino que también puede tener repercusiones en la salud física y mental.

Para combatirlo, es vital que las personas mayores busquen oportunidades para conectarse. Las actividades comunitarias o los clubs para personas de la tercera edad ofrecen espacios donde compartir, interactuar y formar nuevas amistades. Estos ambientes propician el intercambio de experiencias y la creación de lazos de apoyo mutuo.

Además, en la era digital, las tecnologías de comunicación son una herramienta invaluable. Aprender a usar dispositivos y aplicaciones puede acortar distancias, permitiendo video llamadas con familiares lejanos o incluso unirse a grupos de interés en línea. En resumen, mantenerse conectado y activo socialmente es esencial para una vejez plena y saludable.

Adaptación Tecnológica en la Tercera Edad

La tecnología avanza rápidamente y puede parecer abrumadora. Sin embargo, hay cursos y talleres diseñados especialmente para enseñar a los adultos mayores sobre dispositivos y aplicaciones actuales.

La era digital ha traído consigo avances tecnológicos que, si bien ofrecen innumerables beneficios, pueden resultar desafiantes para algunos adultos mayores. Esta sensación de desconexión ante lo nuevo puede generar ansiedad o resistencia a adoptar herramientas que podrían mejorar su calidad de vida.

Afortunadamente, conscientes de este desafío, muchas instituciones y organizaciones ofrecen cursos y talleres dirigidos específicamente a la tercera edad. Estos programas se diseñan pensando en las necesidades y ritmos de aprendizaje propios de los adultos mayores, facilitando su acercamiento a la tecnología.

Mediante estas capacitaciones, se introducen dispositivos como smartphones o tablets y se enseña a utilizar aplicaciones que pueden ser de utilidad en su día a día, desde comunicarse con seres queridos hasta gestionar citas médicas o hacer compras en línea.

El objetivo principal es empoderar a los adultos mayores, haciéndoles ver que, con la orientación adecuada, la tecnología puede convertirse en una aliada y no en un obstáculo, enriqueciendo así su experiencia diaria y autonomía.

Sentimiento de Inutilidad en la Jubilación

La jubilación puede causar una sensación de vacío o falta de propósito. Redefinir esta etapa como una oportunidad para embarcarse en nuevos proyectos, aprender o enseñar puede aportar un sentido renovado de propósito.

Con la llegada de la jubilación, no es raro que muchos adultos mayores sientan una pérdida de identidad o propósito. Después de años dedicados al trabajo y a roles profesionales definidos, la transición a una rutina sin obligaciones laborales puede generar un vacío emocional y la sensación de no ser útil.

Esta percepción, si no se aborda, puede afectar la autoestima y el bienestar emocional. Sin embargo, es esencial comprender que la jubilación no es el fin, sino el comienzo de una nueva etapa llena de posibilidades. Es un período que ofrece el tiempo y la libertad para explorar pasiones olvidadas, embarcarse en nuevos hobbies, o incluso compartir la sabiduría acumulada a través de la enseñanza o mentoría.

Para combatir este sentimiento, es crucial redefinir la jubilación como una oportunidad de reinvención. Participar en actividades comunitarias, aprender algo nuevo, o incluso ofrecerse como voluntario en causas de interés, puede aportar un sentido renovado de utilidad y pertenencia, transformando esta etapa en una de crecimiento y enriquecimiento personal.

Problemas Económicos en la Jubilación

Planificar financieramente la jubilación con anticipación y considerar opciones como trabajos a tiempo parciales o inversiones seguras pueden ayudar a mitigar estas preocupaciones.

La jubilación trae consigo numerosos cambios, y uno de los más significativos es el cambio en la situación financiera. Al dejar de recibir un salario regular, muchos adultos mayores enfrentan preocupaciones y desafíos económicos. Sin una planificación adecuada, la jubilación puede convertirse en un período de estrés financiero en lugar de ser un tiempo de descanso y disfrute.

La planificación financiera anticipada es esencial para garantizar una transición suave a esta etapa de la vida. Ahorrar e invertir durante los años de trabajo y establecer un fondo de jubilación puede hacer una gran diferencia en la calidad de vida durante la vejez.

Para aquellos que no han tenido la oportunidad de ahorrar lo suficiente, existen opciones como trabajos a tiempo parciales que no solo proporcionan ingresos adicionales, sino que también ofrecen una sensación de propósito y conexión social. Las inversiones seguras, aunque ofrecen rendimientos más bajos, son otra alternativa para mantener un flujo de ingresos constante.

Enfrentar los desafíos económicos de la jubilación requiere anticipación, adaptabilidad y una mentalidad abierta hacia nuevas oportunidades.

Cada obstáculo en la tercera edad representa, a su vez, una oportunidad para aprender, adaptarse y superarse. Con el apoyo adecuado y una actitud proactiva, esta etapa de la vida puede ser tan enriquecedora, si no más, que las anteriores.

Herramientas y estrategias para enfrentar nuevos retos en tiempos de la tercera edad

La tercera edad, lejos de ser un período de inactividad, puede ser un momento de reflexión, crecimiento y adaptación. A medida que los adultos mayores se enfrentan a nuevos retos, es fundamental contar con herramientas y estrategias adecuadas para vivir plenamente. A continuación, se presentan algunas sugerencias:

Educación Continua en la Tercera Edad

Nunca es tarde para aprender. Ya sea a través de cursos en línea, talleres comunitarios o charlas, el aprendizaje continuo mantiene la mente activa y ayuda a adquirir nuevas habilidades.

La educación no tiene fecha de caducidad. La capacidad del ser humano para aprender es una cualidad innata que no se desvanece con el paso del tiempo. Por el contrario, la experiencia y sabiduría acumuladas pueden enriquecer y facilitar el proceso de aprendizaje en etapas más avanzadas de la vida.

La *educación continua* hace referencia al proceso de aprendizaje que se lleva a cabo durante toda la vida. En el contexto de la tercera edad, esta educación adquiere un valor especial. No solo ofrece la oportunidad de adquirir nuevos conocimientos o habilidades, sino que también sirve como herramienta para mantener la mente activa, alerta y en constante renovación. Esto es esencial para prevenir el deterioro cognitivo y para mejorar la calidad de vida de los adultos mayores.

Hoy en día, la tecnología ha democratizado el acceso a la educación. Los *cursos en línea* son una excelente opción para aquellos que buscan aprender a su propio ritmo y desde la comodidad de su hogar. Plataformas educativas ofrecen una amplia variedad de temas que van desde arte, historia, ciencias, hasta cursos de informática o idiomas.

Por otro lado, los *talleres comunitarios* brindan una experiencia más práctica y social. Estos suelen ser organizados por centros culturales, bibliotecas o asociaciones vecinales, y permiten al adulto mayor interactuar con personas de su misma edad, compartir experiencias y aprender de forma colaborativa.

Las *charlas* o conferencias son otra alternativa para aquellos que buscan un aprendizaje más puntual sobre un tema específico. Estas suelen ser impartidas por expertos en la materia y proporcionan una visión más profunda y detallada.

La educación continua en la tercera edad no solo es posible, sino altamente beneficiosa. Permite a los adultos mayores mantenerse actualizados, desafiarse a sí mismos, socializar y, sobre todo, demostrar que nunca es tarde para aprender y crecer.

Comenzar a Escribir esos Libros que Siempre Quiso Escribir

La jubilación puede ser el comienzo de una nueva etapa llena de posibilidades. Uno de los sueños que muchas personas tienen, pero que postergan debido a la agitada rutina diaria, es escribir un libro. Esta etapa puede ser el momento perfecto para concretar ese sueño.

Primero, escribir es una forma de introspección. A través de las palabras, uno puede explorar recuerdos, emociones, deseos y todo aquello que ha moldeado nuestra vida. Para muchos, la escritura es una forma de terapia, de liberación y de autoconocimiento.

Además, escribir puede ser un puente para conectar con otros. Un libro puede transmitir sabiduría, experiencias y aventuras a nuevas generaciones, dejando un legado que perdure en el tiempo. No importa si se trata de una novela, una autobiografía, poesías, cuentos cortos o incluso un manual sobre algún conocimiento específico; cada tipo de libro tiene su valor y su público.

Para comenzar, no es necesario ser un experto. Solo se necesita papel, lápiz o un ordenador, y la voluntad de plasmar las ideas. A medida que se avanza, uno puede optar por tomar talleres de escritura, contratar a un editor o unirse a un club de escritura para recibir retroalimentación y consejos.

El proceso de escribir puede ser desafiante. Habrá días de inspiración y otros en los que las palabras parezcan esquivas. Sin embargo, la satisfacción de ver un proyecto propio materializarse es inigualable. Y, ¿quién sabe? Quizás ese libro que siempre quiso escribir termine siendo una obra que inspire y marque a otros.

En conclusión, si ha sentido el llamado de escribir, la tercera edad puede ser el momento ideal para comenzar. Con tiempo, experiencia y una vida llena de historias, sin duda tiene mucho que compartir con el mundo. ¡Anímese y deje su huella a través de las palabras!

Actividad Física Regular: Beneficios Multifacéticos

La práctica de ejercicios, como caminar, yoga o natación, fortalece el cuerpo, previene enfermedades y promueve el bienestar mental.

La actividad física regular es una de las recomendaciones más universales para mantener una vida saludable, y sus beneficios trascienden la simple mejora del estado físico. Caminar, por ejemplo, no solo tonifica músculos y mejora la circulación, sino que también proporciona un espacio para la meditación y reflexión, siendo un bálsamo para la mente. El yoga, por su parte, combina posturas que mejoran la flexibilidad y la fuerza con técnicas de respiración que fomentan la relajación y la concentración.

Por otro lado, la natación es un ejercicio de bajo impacto que protege las articulaciones y favorece el sistema cardiovascular, siendo ideal para aquellos que buscan una alternativa amable con el cuerpo. Además, sumergirse en el agua puede tener un efecto calmante y terapéutico.

A nivel mental, la actividad física libera endorfinas, conocidas como las "hormonas de la felicidad", que combaten el estrés y la depresión. Asimismo, establecer una rutina de ejercicios proporciona una sensación de logro y disciplina.

La actividad física regular es una inversión en nuestra salud integral, beneficiando cuerpo, mente y espíritu, y convirtiéndose en un pilar fundamental para una vida plena.

Redes de Apoyo: La Comunión en la Tercera Edad

Participar en grupos o clubs de personas mayores puede brindar soporte emocional, fomentar nuevas amistades y reducir la sensación de aislamiento.

La interacción social es una necesidad humana básica, independientemente de la edad. Sin embargo, en la tercera edad, la estructura social puede verse afectada por factores como la pérdida de seres queridos, la distancia de familiares o la jubilación. Es aquí donde las redes de apoyo adquieren un valor esencial.

Los grupos o clubs de personas mayores ofrecen espacios donde compartir experiencias, recuerdos y desafíos. Estos grupos no solo son un lugar de encuentro, sino también de comprensión mutua. Los participantes, al tener edades y vivencias similares, pueden brindar consejos y soluciones desde una perspectiva de empatía y experiencia.

Más allá del apoyo emocional, estos espacios promueven actividades recreativas, culturales o de aprendizaje que enriquecen la vida diaria. Ya sea un club de lectura, clases de baile o excursiones, las opciones son variadas y adaptadas a las capacidades y gustos de sus miembros.

Estas redes también combaten uno de los males más comunes en la tercera edad: el aislamiento. Al sentirse parte de una comunidad, la autoestima se eleva y la sensación de pertenencia fortalece el bienestar emocional.

Por lo tanto, las redes de apoyo son herramientas valiosas que potencian la calidad de vida, reafirmando que la etapa de la tercera edad puede ser vivida con plenitud, compañía y alegría.

Tecnología: Una Puerta a la Conexión en la Tercera Edad

Familiarizarse con herramientas tecnológicas ayuda a mantenerse conectado con seres queridos y acceder a información útil. Muchos dispositivos actuales son amigables y existen cursos diseñados para personas mayores.

Vivimos en la era de la información digital, donde la tecnología ha permeado casi todos los aspectos de nuestras vidas. Para muchos adultos mayores, este auge tecnológico puede representar un desafío, pero también una oportunidad invaluable.

Familiarizarse con herramientas tecnológicas no solo facilita el acceso a información actualizada, sino que también brinda la posibilidad de mantenerse en contacto con familiares y amigos, independientemente de la distancia. Plataformas de video llamadas, redes sociales y aplicaciones de mensajería instantánea han transformado la forma en que nos comunicamos, permitiendo compartir momentos, imágenes y experiencias en tiempo real.

Además, muchos dispositivos de hoy en día están diseñados con interfaces intuitivas, considerando las necesidades y habilidades de los usuarios de todas las edades. Las tablets y smartphones, por ejemplo, permiten ajustar tamaños de letra, contrastes y sonidos, facilitando su uso.

Para aquellos que sientan inseguridad o desconocimiento, existen numerosos cursos y talleres dirigidos a adultos mayores. Estos programas buscan empoderarles en el uso de la tecnología, enseñándoles desde lo básico hasta funciones más avanzadas.

Incorporarse al mundo digital en la tercera edad no solo es posible, sino también beneficioso. La tecnología, vista como aliada, puede enriquecer la vida diaria, brindando autonomía, conexión y acceso a un universo de información y entretenimiento.

Planificación Financiera: La Clave para una Jubilación Tranquila

Revisar y ajustar el plan financiero puede asegurar una jubilación más cómoda. Consultar con expertos financieros puede ser beneficioso.

Al llegar a la tercera edad, una de las preocupaciones más comunes es cómo manejar los recursos económicos para asegurar un retiro sin aprietos financieros. La planificación financiera es esencial para garantizar una jubilación cómoda y sin sobresaltos.

El primer paso es revisar el estado actual de nuestras finanzas: ¿Cuánto hemos ahorrado? ¿Cuáles son nuestras fuentes de ingreso? ¿Qué gastos fijos tendremos en los próximos años? A partir de esta información, se puede ajustar el plan financiero, considerando variables como la inflación y la esperanza de vida.

La inversión es otra herramienta que puede generar ingresos adicionales. Sin embargo, es vital hacerlo con cautela y conocimiento. A medida que avanzamos en edad, es recomendable optar por inversiones más seguras y con menor riesgo.

Consultar con expertos financieros puede ser una decisión acertada. Un asesor financiero puede ofrecer orientación sobre las mejores opciones de inversión, ayudar a diversificar el portafolio y aclarar cualquier duda. Además, puede asistir en la elaboración de un plan que se adapte a nuestras necesidades y objetivos a largo plazo.

La planificación financiera no solo se trata de números; es sobre calidad de vida. Una buena gestión y organización financiera nos permitirá disfrutar plenamente de esta etapa, sabiendo que nuestros recursos están siendo administrados de la manera más eficiente y beneficiosa posible.

Terapia y Asesoramiento: La Importancia del Apoyo Profesional en la Tercera Edad

Buscar la ayuda de profesionales puede ser fundamental para abordar problemas emocionales o mentales.

Con el avance de los años, es común enfrentarse a cambios significativos en la vida, como el retiro laboral, la pérdida de seres queridos o la adaptación a nuevas realidades físicas. Estos cambios pueden generar sentimientos de tristeza, confusión, ansiedad o incluso depresión. En estos casos, la terapia y el asesoramiento profesional se presentan como herramientas esenciales para abordar estos problemas emocionales o mentales.

Un terapeuta o consejero puede proporcionar un espacio seguro y confidencial para expresar preocupaciones, miedos y sentimientos. A través del diálogo, estos profesionales ofrecen orientación, herramientas y estrategias para enfrentar y superar las dificultades emocionales.

Además, en muchas ocasiones, solo el hecho de ser escuchado y comprendido puede tener un impacto positivo considerable en el bienestar emocional. La terapia también puede ofrecer una nueva perspectiva sobre situaciones que parecen abrumadoras, ayudando a encontrar soluciones y a desarrollar resiliencia.

Es importante recordar que buscar ayuda no es un signo de debilidad, sino todo lo contrario. Reconocer que se necesita apoyo y actuar en consecuencia es una muestra de autoconocimiento y valentía. En la tercera edad, el asesoramiento y la terapia pueden ser aliados poderosos para garantizar una salud mental óptima y una vida más plena y satisfactoria.

Mindfulness y Meditación: La Clave para una Mente Serena en la Tercera Edad

Estas prácticas promueven la relajación, reducen el estrés y ayudan a enfrentar los desafíos con una perspectiva más clara.

En medio de la vorágine de la vida moderna y los desafíos propios de la tercera edad, el mindfulness y la meditación emergen como herramientas valiosas para mantener el equilibrio emocional y mental. Ambas prácticas tienen sus raíces en antiguas tradiciones, pero en los últimos años, han ganado reconocimiento en el mundo occidental por sus beneficios comprobados.

El mindfulness, o atención plena, implica estar presente en el momento actual, observando nuestros pensamientos, emociones y sensaciones sin juzgar. Esta actitud consciente nos permite reconectar con nosotros mismos, reduciendo la ansiedad y el estrés. Al adoptar una perspectiva más observadora, podemos responder a las situaciones con mayor claridad y serenidad, en lugar de reaccionar de forma impulsiva.

Por otro lado, la meditación, que puede considerarse una extensión del mindfulness, es una práctica que implica enfocar la mente en un objeto, pensamiento o actividad específica para entrenar la atención y alcanzar un estado de claridad mental y emocional. La meditación regular ha demostrado ser efectiva para reducir los niveles de cortisol, la hormona del estrés, y promover una sensación de paz y bienestar.

Para las personas en la tercera edad, incorporar estas prácticas en su rutina diaria puede ser especialmente beneficioso. Con los desafíos que pueden surgir en esta etapa, como la pérdida de seres queridos, problemas de salud o sentimientos de soledad, el mindfulness y la meditación ofrecen un refugio, un espacio de calma y reflexión.

Además, ambas prácticas son accesibles y pueden adaptarse a las capacidades y necesidades de cada individuo, lo que las hace ideales para todas las edades. En definitiva, adoptar el mindfulness y la meditación en la tercera edad puede ser la clave para enfrentar los desafíos con una mente clara, serena y resiliente.

Establecimiento de Rutinas: La Importancia de la Estructura en la Tercera Edad

Mantener una rutina diaria puede brindar estructura, promover hábitos saludables y ofrecer una sensación de normalidad.

A medida que las personas avanzan en edad y llegan a la jubilación, una de las transiciones más notables es la falta de una estructura diaria establecida. Sin las obligaciones laborales o, en muchos casos, la crianza de los hijos, puede surgir un vacío que, si no se aborda adecuadamente, puede llevar a sentimientos de desorientación o pérdida de propósito. Aquí es donde la importancia del establecimiento de rutinas entra en juego.

Mantener una rutina diaria es esencial por varias razones. En primer lugar, brinda una estructura que puede ayudar a dar sentido y dirección a cada día.

Al tener actividades programadas, ya sea levantarse a una hora determinada, tener tiempos de comida regulares o reservar momentos para la lectura o el ejercicio, se evita la sensación de vagar sin rumbo o perder el tiempo.

En segundo lugar, las rutinas promueven hábitos saludables. Al establecer un horario regular para las comidas, el ejercicio y el descanso, se fomenta un estilo de vida equilibrado que puede beneficiar tanto la salud física como la mental. Estos hábitos, con el tiempo, se convierten en comportamientos automáticos que pueden sostener el bienestar a largo plazo.

Finalmente, las rutinas ofrecen una sensación de normalidad. En momentos de cambio o incertidumbre, tener una estructura diaria puede ser un ancla que proporciona estabilidad y predictibilidad. Para muchas personas mayores, saber qué esperar cada día puede reducir la ansiedad y brindar un sentido de control.

Adaptabilidad: La Clave para Abrazar el Cambio en la Tercera Edad

La vida está en constante cambio. Adoptar una actitud abierta y adaptable permite abrazar nuevos retos y oportunidades.

El flujo constante de la vida nos enseña que el cambio es la única constante. Desde los cambios en la salud hasta las transiciones en las relaciones familiares y sociales, la tercera edad trae consigo una serie de ajustes que requieren una actitud flexible y adaptable. La adaptabilidad, en este contexto, no es simplemente una habilidad, sino más bien una filosofía de vida esencial para abordar con éxito esta etapa.

Tener una actitud abierta significa reconocer y aceptar que el cambio es inevitable. En lugar de resistir o temer a las nuevas circunstancias, se trata de entenderlas como oportunidades para aprender y crecer. Esto puede ser particularmente útil cuando se enfrentan desafíos relacionados con la salud, la independencia o el rol dentro de la familia.

La adaptabilidad también implica redefinir las propias expectativas y objetivos. Lo que era relevante o alcanzable en la juventud o en la adultez media puede necesitar ser reevaluado y ajustado. Esta reevaluación, lejos de ser una concesión, es una oportunidad para establecer nuevas metas que se alineen con la realidad actual.

Abrazar nuevos retos y oportunidades, ya sea aprender a usar la tecnología, embarcarse en un nuevo hobby o simplemente ajustarse a un nuevo ritmo de vida, enriquece la experiencia vital. Al adoptar una actitud adaptable, se fomenta un enfoque proactivo hacia el bienestar, se potencia la autoestima y se promueve una mayor satisfacción con la vida.

En conclusión, la adaptabilidad en la tercera edad es más que una herramienta para enfrentar el cambio: es una postura vital que permite aprovechar al máximo cada momento, abrazando los retos y las oportunidades que la vida presenta.

La tercera edad no es un final, sino un nuevo comienzo. Con las herramientas y estrategias adecuadas, es posible enfrentar cualquier reto y vivir esta etapa con plenitud y alegría.

Capítulo 4:

Retirado pero no apartado: El legado continúa

La jubilación, a menudo vista como el final de una etapa productiva, es en realidad el comienzo de un capítulo rico en posibilidades y experiencias. Aunque la rutina laboral haya quedado atrás, el impacto y la influencia que podemos ejercer en nuestra comunidad y en las generaciones venideras no cesan.

Este capítulo se sumerge en la idea de que, aunque estemos retirados de la vida profesional, nuestro legado no solo persiste, sino que tiene el potencial de crecer y florecer de maneras inesperadas.

La importancia de transmitir conocimientos y valores a las nuevas generaciones

A lo largo de la vida, acumulamos una riqueza invaluable de experiencias, lecciones y sabidurías que, más allá de nuestro beneficio personal, tienen el potencial de iluminar y guiar a quienes vienen detrás de nosotros. Transmitir conocimientos y valores a las nuevas generaciones es una responsabilidad y un regalo que conecta el pasado con el futuro y garantiza la continuidad y evolución de nuestra sociedad.

Las generaciones anteriores nos legaron sus conocimientos y tradiciones, permitiéndonos construir sobre sus cimientos. De la misma manera, es esencial que compartamos lo que sabemos para que las generaciones futuras estén mejor preparadas para enfrentar sus propios desafíos. Al transmitir valores, inculcamos principios que guiarán el carácter y la moralidad de los jóvenes, ofreciéndoles una brújula moral en tiempos inciertos.

Además, el acto de compartir y enseñar refuerza nuestra comprensión y apreciación de lo que sabemos. Se convierte en un proceso de aprendizaje mutuo, donde las preguntas y perspectivas frescas de los más jóvenes nos invitan a reflexionar y, a veces, a reevaluar nuestras propias creencias.

Finalmente, al transmitir lo que hemos aprendido, dejamos una huella indeleble en el tejido de la humanidad. Aseguramos que nuestra presencia y nuestras contribuciones se sientan mucho después de que hayamos partido. En este sentido, transmitir conocimientos y valores no es solo un acto de generosidad, sino una inversión en el futuro y un legado que perdura.

Formas de dejar un impacto duradero en el mundo

Explorando las diversas maneras en que cada individuo puede influir positivamente en la sociedad y crear un legado que trascienda generaciones.

Educación: Al enseñar y compartir conocimientos, impactamos directamente en las vidas de otros. Ya sea como maestros, mentores o simplemente compartiendo experiencias, la educación deja una huella imborrable en la mente y el corazón de quienes aprenden.

La educación es una de las herramientas más poderosas con las que podemos influir y marcar una diferencia en el mundo. A través de ella, no solo transmitimos conocimientos técnicos o académicos, sino que también modelamos valores, actitudes y perspectivas.

Al decidir compartir lo que sabemos, ya sea en un aula formal, como un mentor en un ámbito profesional, o incluso en conversaciones cotidianas, estamos depositando semillas de cambio en cada individuo. Estos conocimientos y valores compartidos pueden actuar como catalizadores en la vida de una persona, guiándola, inspirándola y proporcionándole herramientas para enfrentar desafíos.

Además, el impacto de la educación no se limita al momento presente. Los aprendizajes adquiridos se llevan a lo largo de la vida y a menudo se transmiten a generaciones futuras. Por tanto, el acto de enseñar se convierte en un legado, una huella que perdura mucho después de que el momento educativo ha pasado.

En este sentido, cada persona a la que influenciamos con nuestros conocimientos y experiencias se convierte en un testimonio viviente de nuestro impacto en el mundo.

Compromiso cívico: Participar activamente en la comunidad, ya sea a través de la política, el voluntariado o la organización comunitaria, puede resultar en cambios significativos y duraderos.

El compromiso cívico es una poderosa herramienta para fomentar el cambio y mejorar el entorno en el que vivimos. Cuando una persona decide involucrarse en su comunidad, está tomando una postura proactiva, mostrando interés y responsabilidad por el bienestar común.

La participación en la política, por ejemplo, no solo se limita a votar; también incluye ser parte de debates, apoyar causas justas y, en algunos casos, asumir roles de liderazgo para llevar a cabo reformas.

Por otro lado, el voluntariado es una manifestación directa de la solidaridad, donde individuos donan su tiempo y habilidades para ayudar a quienes lo necesitan. Estas acciones, aunque pueden parecer pequeñas, generan ondas de cambio que pueden beneficiar a toda una comunidad.

Finalmente, la organización comunitaria es esencial para identificar y abordar problemas locales, uniendo a las personas en torno a una causa común. Al participar activamente en estos ámbitos, no solo contribuimos al bienestar actual, sino que también sentamos las bases para un futuro mejor, dejando un impacto que perdura en el tiempo.

Acciones sustentables: Adoptar prácticas ecológicas y promover la sustentabilidad ayuda a garantizar un planeta más saludable para las futuras generaciones.

La sustentabilidad se ha convertido en una necesidad imperativa en el mundo actual, ante los crecientes desafíos ambientales. Adoptar acciones sustentables no solo implica un compromiso personal, sino que representa una responsabilidad hacia las generaciones venideras. Al integrar prácticas ecológicas en nuestra rutina diaria, como reciclar, reducir el consumo de agua y energía, y elegir productos amigables con el medio ambiente, contribuimos a disminuir nuestro impacto negativo en el planeta.

La promoción de la sustentabilidad va más allá de las acciones individuales. Es esencial fomentar la educación ambiental en las comunidades, impulsar políticas públicas que favorezcan prácticas sostenibles y apoyar a empresas comprometidas con el medio ambiente.

De esta manera, se crea una conciencia colectiva sobre la importancia de preservar nuestros recursos naturales.

Cada acción cuenta. Al tomar decisiones conscientes y responsables, no solo mejoramos nuestra calidad de vida presente, sino que dejamos un legado valioso: un planeta más saludable y equilibrado para que las futuras generaciones puedan disfrutarlo y cuidarlo. Es un llamado a actuar ahora, pensando en el mañana.

Creaciones artísticas: La música, la literatura, el arte y el cine tienen el poder de trascender el tiempo y las culturas, dejando mensajes y emociones que perduran.

Las creaciones artísticas representan una de las maneras más profundas y duraderas de dejar un impacto en el mundo. A través de la música, la literatura, el arte y el cine, los artistas logran capturar la esencia del espíritu humano, sus sueños, temores, pasiones y reflexiones. Estas manifestaciones, más allá de ser meras expresiones de belleza, contienen mensajes y emociones que conectan a las personas sin importar su origen, cultura o época.

Un libro, por ejemplo, puede influir en generaciones de lectores, inspirando cambios, reflexiones o simplemente ofreciendo consuelo. Una pieza musical puede evocar sentimientos y recuerdos, convirtiéndose en el soundtrack de momentos significativos en la vida de muchas personas. El cine, por su parte, tiene el poder de mostrar realidades diversas, generando empatía y comprensión entre diferentes culturas y sociedades.

Las obras de arte, con su capacidad para evocar emociones y reflexiones, trascienden el tiempo. Se convierten en legados que, generación tras generación, siguen tocando corazones y mentes, demostrando que la capacidad humana para crear y conectar es, en sí misma, una forma imborrable de impactar al mundo.

Filantropía: Donar a causas benéficas, establecer fundaciones o apoyar proyectos sociales puede cambiar vidas y comunidades enteras.

La filantropía es una poderosa herramienta para generar un impacto positivo en la sociedad. Mediante donaciones a causas benéficas, se pueden financiar proyectos que buscan solucionar problemas fundamentales en diversas áreas, desde la educación y la salud, hasta la protección del medio ambiente y el apoyo a grupos vulnerables.

Establecer fundaciones permite centralizar esfuerzos y recursos hacia objetivos específicos, logrando a menudo resultados más significativos y sostenibles en el tiempo. Estas entidades se convierten en motores de cambio, impulsando iniciativas que, sin el apoyo filantrópico, tal vez nunca verían la luz.

Apoyar proyectos sociales, por su parte, no solo implica una contribución económica. También significa creer en el potencial humano y en la capacidad de las comunidades para superar adversidades cuando se les brindan las herramientas adecuadas.

En última instancia, la filantropía va más allá del acto de dar dinero. Es una manifestación del deseo de contribuir al bienestar colectivo, de dejar un legado que perdure y de ser parte activa en la construcción de un mundo mejor. Aquellos que eligen el camino filantrópico no solo cambian vidas individuales; transforman comunidades enteras, demostrando que la generosidad y la visión pueden mover montañas.

Innovación: Desarrollar nuevas tecnologías, métodos o soluciones a problemas actuales puede repercutir positivamente en la sociedad durante generaciones.

La innovación es el motor que impulsa el progreso de la humanidad. A través de la historia, cada avance significativo ha surgido de la necesidad de resolver desafíos y de la incesante búsqueda de mejoras. Al desarrollar nuevas tecnologías, se abren puertas a posibilidades antes inimaginables, que pueden transformar radicalmente la manera en que vivimos, trabajamos y nos relacionamos.

Los métodos innovadores en áreas como medicina, educación, energía o comunicación pueden cambiar el curso de la vida de millones de personas. Por ejemplo, una nueva técnica médica puede salvar vidas o mejorar la calidad de vida; una herramienta educativa puede facilitar el aprendizaje y reducir brechas de conocimiento.

Resolver problemas actuales a través de la innovación no solo tiene un impacto inmediato, sino que también establece un precedente y una base para futuros desarrollos. Una solución innovadora a un problema puede inspirar a otros a seguir explorando y creando.

En el núcleo de la innovación se encuentra la capacidad humana de soñar, imaginar y, sobre todo, de no conformarse. Las mentes innovadoras ven más allá de lo establecido y se aventuran en territorios desconocidos en busca de respuestas. Y es en este viaje donde, a menudo, dejan una huella indeleble en la sociedad, una que perdurará y beneficiará a generaciones venideras.

Legado familiar: Transmitir valores, tradiciones y lecciones de vida a hijos y nietos garantiza que parte de nuestra esencia viva a través de ellos.

El legado familiar va más allá de los bienes materiales; es una herencia intangible que se transmite de generación en generación. Esta herencia está compuesta por valores, tradiciones, historias y lecciones de vida que han sido forjadas a lo largo de los años y que constituyen la esencia misma de una familia.

Los valores, como el respeto, la integridad y la solidaridad, actúan como brújulas que guían la conducta y decisiones de las generaciones futuras. Estos valores, cuando se inculcan adecuadamente, proporcionan a los jóvenes herramientas para enfrentar desafíos y tomar decisiones éticas.

Las tradiciones, ya sean festividades, reuniones familiares o simples rituales cotidianos, refuerzan la identidad familiar y crean recuerdos compartidos que fortalecen el vínculo entre sus miembros.

Las lecciones de vida, por su parte, provienen de las experiencias vividas por los mayores. Estas historias, cargadas de sabiduría y enseñanzas, ofrecen a los más jóvenes perspectivas y consejos sobre cómo abordar situaciones similares en sus propias vidas.

Transmitir este legado es esencial para que las raíces familiares se mantengan firmes. Garantiza que, incluso cuando ya no estemos presentes, una parte de nosotros continúe viviendo, guiando y dando forma al camino de nuestros descendientes. Es una manera de asegurar que nuestra esencia, nuestro espíritu y nuestras lecciones perduren en el tiempo, influenciando y enriqueciendo las vidas de hijos, nietos y más allá.

Ser modelo de inspiración: Ser un modelo a seguir, mostrando resiliencia, determinación y bondad, puede inspirar a otros a seguir un camino similar, multiplicando el impacto positivo en el mundo.

Ser un modelo de inspiración no es solo acerca de grandes hazañas o logros impresionantes, sino que también se trata de cómo enfrentamos los desafíos diarios y las elecciones que hacemos en cada paso del camino. Es el reflejo de nuestra resiliencia ante las adversidades, nuestra determinación para alcanzar metas y, sobre todo, nuestra bondad y empatía hacia los demás.

Cada acción que tomamos, por pequeña que sea, tiene el potencial de inspirar a otros. Ya sea superando un obstáculo personal, ayudando a alguien en necesidad o simplemente siendo amable en un mundo que a veces parece frío, mostramos a los demás que es posible vivir de una manera significativa.

Las personas buscan referentes en quienes puedan confiar, y cuando encuentran a alguien que, a pesar de los contratiempos, sigue adelante con integridad y valentía, se sienten motivadas a emular esas cualidades. Esta inspiración tiene un efecto dominó. Aquellos que se sienten inspirados por un modelo a seguir, a menudo se convierten en inspiración para otros, multiplicando así el impacto positivo en el mundo.

Por tanto, ser un modelo de inspiración es una responsabilidad y una oportunidad. Es una invitación para vivir de acuerdo con nuestros valores más profundos y compartirlos con el mundo, dejando una huella indeleble en las vidas de quienes nos rodean.

Es, en esencia, una forma de liderar con el ejemplo, mostrando que cada uno de nosotros tiene el poder de hacer una diferencia.

Apoyo a la ciencia y la investigación: Financiar o participar en investigaciones puede resultar en descubrimientos que beneficien a la humanidad por años.

Apoyar la ciencia y la investigación es una inversión en el futuro de la humanidad. Cada aporte, ya sea financiero, en tiempo o en expertise, tiene el potencial de desencadenar avances que pueden transformar nuestra comprensión del mundo y mejorar la calidad de vida de innumerables personas. Las investigaciones han sido responsables de descubrimientos revolucionarios, desde tratamientos médicos hasta innovaciones tecnológicas.

No se trata solo de grandes donaciones a institutos de investigación. Participar en estudios, ofrecerse como voluntario o simplemente promover la importancia de la ciencia en la sociedad, son formas en que cada individuo puede contribuir. Además, fomentar la curiosidad y el pensamiento crítico en las generaciones más jóvenes garantiza que la llama de la investigación siga viva.

Los beneficios de respaldar la ciencia van más allá de los descubrimientos tangibles. Se trata de construir una sociedad informada, de promover la evidencia y la objetividad y de buscar soluciones basadas en hechos. En un mundo donde la desinformación puede ser prevalente, apoyar la investigación es una afirmación de que valoramos la verdad, la integridad y el progreso. Es una forma de asegurar que los avances que logremos hoy perduren y beneficien a las generaciones futuras.

Preservación cultural: Resguardar y promover tradiciones, lenguas y costumbres de una cultura ayuda a mantener vivas las raíces y la historia de un pueblo.

La preservación cultural es una tarea vital en un mundo globalizado, donde la homogeneización cultural puede amenazar la diversidad y riqueza de las distintas comunidades. Salvaguardar tradiciones, lenguas y costumbres no es simplemente un acto de nostalgia; es un reconocimiento de que cada cultura lleva consigo una perspectiva única, un conjunto de conocimientos y una forma particular de entender y relacionarse con el mundo.

Las tradiciones y costumbres son reflejo de la historia de un pueblo, sus luchas, logros y su evolución a lo largo del tiempo. Preservarlas es una forma de honrar a quienes nos precedieron y asegurar que las generaciones futuras tengan un vínculo con su pasado.

Las lenguas, por su parte, no son solo medios de comunicación, sino también portadoras de cosmovisiones, formas de pensamiento y expresiones que no pueden ser traducidas fácilmente a otros idiomas. La pérdida de una lengua equivale a la pérdida de un patrimonio inmaterial invaluable.

Promover y resguardar nuestra herencia cultural no solo enriquece a la comunidad de origen, sino que aporta a la diversidad global, invitando al respeto mutuo y al entendimiento intercultural. En un mundo en constante cambio, es fundamental recordar y valorar de dónde venimos para entender a dónde vamos.

Cada acción, por pequeña que parezca, tiene el potencial de causar ondas expansivas en el tejido de nuestra sociedad. Al vivir con propósito y pasión, todos tenemos la capacidad de dejar un impacto duradero en el mundo.

Capítulo 5:

Descubriendo propósito más allá de la carrera profesional

En la senda de la jubilación, la vida no se detiene, sino que se transforma, ofreciendo un horizonte lleno de propósitos y pasiones a explorar más allá de lo que dictó nuestra carrera profesional.

Redefiniendo el éxito en la tercera edad.

La concepción tradicional del éxito suele estar vinculada a logros profesionales, acumulación de bienes materiales o alcanzar ciertas metas antes de una determinada edad. Sin embargo, al entrar en la tercera edad, estas métricas pueden comenzar a carecer de sentido o a percibirse de manera diferente.

En esta etapa de la vida, el éxito puede redefinirse no por lo que hemos acumulado, sino por lo que somos capaces de aportar y por la calidad de las relaciones que hemos cultivado. La riqueza de las experiencias vividas, la sabiduría acumulada y la serenidad que otorgan los años, pueden traducirse en nuevas formas de entender el éxito.

En la tercera edad, nuestra percepción del éxito sufre una transformación profunda. A diferencia de etapas anteriores, donde el reconocimiento profesional, la adquisición de bienes o alcanzar ciertos hitos podían ser vistas como medidas de éxito, en esta fase de la vida, la perspectiva cambia.

La acumulación de bienes o títulos ya no es el barómetro principal de éxito. En su lugar, lo que realmente empieza a cobrar importancia es lo que uno puede aportar al mundo y a las personas que lo rodean. Se valora más la capacidad de hacer una diferencia, ya sea a través de pequeños actos de bondad, compartir conocimientos o simplemente estar presente para alguien.

La calidad de las relaciones también toma un papel central. Las amistades profundas, los lazos familiares fuertes y las conexiones significativas que hemos tejido a lo largo de los años se convierten en indicadores claros de una vida exitosa.

Además, las experiencias vividas a lo largo de los años, tanto las buenas como las malas, se convierten en fuentes invaluables de sabiduría. Esta sabiduría, junto con una serenidad que viene con la edad, nos permite enfrentar desafíos con una perspectiva diferente y encontrar soluciones desde un lugar de calma y comprensión.

En esencia, en la tercera edad, el éxito deja de ser algo que se busca afuera y se convierte en una introspección sobre el valor de nuestra vida, nuestros aportes y las relaciones que hemos cultivado. Es una etapa donde el éxito se mide en términos de legado, impacto y conexiones humanas.

Un legado familiar bien cimentado, la transmisión de valores a las nuevas generaciones, o el simple hecho de haber cultivado amistades duraderas pueden considerarse grandes triunfos. Asimismo, el éxito puede verse en la capacidad de adaptarse a los cambios, en el continuo aprendizaje y en la habilidad de encontrar alegría y propósito cada día.

En la madurez de la vida, cuando miramos atrás, no son solo los logros tangibles o materiales los que definen nuestro éxito. A menudo, son los intangibles, aquello que no se puede tocar pero sí sentir, lo que realmente tiene un impacto duradero.

Un legado familiar sólido no se refiere solo a bienes o propiedades heredadas, sino a las enseñanzas, tradiciones y valores transmitidos. Estos son los cimientos que guían a las futuras generaciones en su camino y les proporcionan un sentido de identidad y pertenencia. De igual manera, ser capaz de influir positivamente en las vidas de nuestros hijos, nietos y bisnietos, inculcándoles valores y ética, es una marca indeleble de éxito.

Las amistades duraderas, aquellas que resisten el paso del tiempo y las adversidades, son un testimonio de la calidad de las relaciones que hemos forjado. Representan la confianza, el amor y el compromiso que hemos depositado en nuestras relaciones humanas.

El mundo está en constante cambio y, con él, nuestras vidas. En este sentido, el éxito también radica en nuestra capacidad para adaptarnos a esos cambios, no resistiéndonos, sino abrazándolos. Continuar aprendiendo y creciendo, independientemente de la edad, demuestra una mente abierta y curiosa, dispuesta a evolucionar.

Por último, encontrar alegría y propósito en lo cotidiano, en los pequeños momentos, es una auténtica muestra de éxito. Significa que hemos logrado una conexión profunda con nuestro ser interno y que somos capaces de apreciar la belleza y la gratitud en el día a día, dándonos cuenta de que el verdadero éxito reside en la plenitud y la paz interior.

Para muchos, esta etapa puede convertirse en un periodo de introspección, donde el éxito es medido por la paz interior, el equilibrio emocional y la capacidad de disfrutar de los pequeños momentos.

En conclusión, redefinir el éxito en la tercera edad significa alejarse de los parámetros tradicionales y abrazar una perspectiva más amplia y enriquecedora, donde el verdadero triunfo radica en la plenitud, la conexión humana y el legado que dejamos atrás.

Estrategias para descubrir y perseguir pasiones post-jubilación.

Tras años de dedicación laboral, la jubilación se presenta como el momento idóneo para reencontrarse con uno mismo, descubrir nuevas pasiones y perseguirlas con fervor; aquí te presentamos algunas estrategias para embarcarte en este rejuvenecedor viaje del alma.

Autoevaluación: Dedica tiempo a la introspección. Haz una lista de tus intereses, hobbies que dejaste de lado, y las cosas que siempre quisiste hacer pero nunca tuviste tiempo.

La jubilación ofrece un espacio invaluable para la reflexión y el autoconocimiento. Tomarte un momento para introspeccionar, revaluar tus pasiones y redescubrir hobbies olvidados puede ser revelador. Haz una lista de esos intereses que quedaron en pausa, de aquellos sueños que postergaste por falta de tiempo. Este ejercicio no solo te conecta con tu esencia, sino que también te brinda una guía clara para aprovechar esta nueva etapa con propósito y entusiasmo.

Cursos y talleres: Inscríbete en clases de temas que te interesen. Puede ser arte, cocina, fotografía, escritura o cualquier otra área. A menudo, estas clases también brindan una excelente oportunidad para socializar.

El periodo post-jubilación es ideal para sumergirse en aprendizajes que antes parecían inalcanzables debido a la rutina diaria. Los cursos y talleres no solo brindan la oportunidad de adquirir nuevas habilidades o perfeccionar las ya existentes, sino que también permiten descubrir pasiones ocultas.

Ya sea pintura, culinaria, fotografía o literatura, cada clase es una puerta a un mundo de creatividad y descubrimiento. Además, estos espacios son perfectos para entablar nuevas amistades con personas que comparten intereses similares, añadiendo un componente social que enriquece aún más la experiencia.

Viajar: Viajar puede reavivar pasiones olvidadas o inspirar nuevas. No sólo descubres lugares, sino también culturas, comidas, y formas de vida.

La etapa post-jubilación ofrece la libertad de explorar el mundo con un ritmo y una perspectiva diferentes. Viajar se convierte en una ventana al alma de diferentes culturas, permitiendo descubrir rincones del planeta que narran historias milenarias, sabores que deleitan el paladar y tradiciones que enriquecen el espíritu.

Cada destino es una lección de vida, un recuerdo que se graba en el corazón y una oportunidad para reconectarse con pasiones que quizás habíamos olvidado. Además, viajar incentiva la curiosidad, la adaptabilidad y la apertura mental, cualidades esenciales para mantenernos jóvenes de corazón.

Sin las ataduras de la rutina laboral, podemos sumergirnos de lleno en la esencia de cada lugar, permitiéndonos ser inspirados y, a la vez, descubrir nuevas pasiones o redescubrir antiguas.

Voluntariado: Ofrece tu tiempo y habilidades a causas que te importan. Puede ser en organizaciones locales, hospitales, escuelas o refugios.

El voluntariado es una forma altruista y gratificante de invertir el tiempo libre, especialmente durante la jubilación. Al ofrecer tus habilidades y experiencia a causas nobles, no solo contribuyes al bienestar de otros, sino que también encuentras un propósito renovado y significativo en tu vida.

Participar en actividades de voluntariado brinda la oportunidad de conectar con diferentes personas, aprender sobre sus historias y enfrentar nuevos desafíos que enriquecen el espíritu. Además, el acto de dar sin esperar nada a cambio produce una sensación de satisfacción que difícilmente se puede igualar.

Ya sea ayudando en un hospital, enseñando en escuelas, apoyando en refugios o colaborando con organizaciones locales, el voluntariado permite dejar una huella positiva en la comunidad, reafirmando la idea de que, independientemente de la edad, siempre se puede marcar una diferencia y ser útil para el entorno.

El voluntariado en la jubilación no solo beneficia a quienes reciben ayuda, sino que también enriquece personalmente a quienes lo practican, proporcionando un sentido de pertenencia y realización.

Retoma viejos hobbies: Aquello que solías amar hacer pero que dejaste de lado por las obligaciones puede ser una fuente de pasión y alegría.

Retomar viejos hobbies es como reencontrarse con una parte de nosotros mismos que habíamos olvidado. Durante años, las responsabilidades laborales, familiares y cotidianas pueden haber eclipsado esos pasatiempos que en algún momento nos brindaron tanta felicidad.

La jubilación ofrece una oportunidad dorada para redescubrir esas actividades y sumergirnos de nuevo en ellas. Ya sea pintar, tocar un instrumento, bailar, jardinear o cualquier otro hobby, volver a practicarlo puede despertar sensaciones de nostalgia, alegría y plenitud.

Estas actividades no sólo nos conectan con recuerdos felices, sino que también potencian nuestra creatividad, mantienen nuestra mente activa y mejoran nuestra salud emocional.

Además, nos ofrecen la chance de establecer nuevas metas personales, como perfeccionar una técnica o aprender algo nuevo dentro de ese hobby. En definitiva, redescubrir y retomar viejos hobbies es una forma de honrar nuestra esencia, celebrar la vida y enriquecer nuestros días con pasión y entusiasmo en esta nueva etapa.

Rodearse de personas apasionadas: Al interactuar con personas que tienen pasiones claras, a menudo te inspiras y descubres intereses que no sabías que tenías.

Estar en compañía de personas apasionadas puede tener un efecto contagioso en nuestro espíritu. Cuando observamos a alguien vivir con entusiasmo, dedicación y amor por lo que hace, nos sentimos motivados a buscar y cultivar nuestras propias pasiones. Estas personas suelen irradiar una energía positiva y una actitud hacia la vida que nos recuerda la importancia de vivir con propósito y alegría.

Además, al compartir experiencias y conversaciones con ellos, es probable que descubramos actividades, hobbies o causas que antes no habíamos considerado. Puede ser el arte, una causa social, una disciplina deportiva o cualquier otro interés. El simple hecho de escuchar a alguien hablar con fervor sobre su pasión puede despertar curiosidad y el deseo de explorar ese ámbito.

Finalmente, rodearse de personas apasionadas también ofrece oportunidades para el crecimiento personal. Nos retan, nos sacan de nuestra zona de confort y nos invitan a mirar el mundo desde una perspectiva diferente. En la etapa post-jubilación, donde la rutina diaria puede cambiar significativamente, encontrar y nutrirse de estas relaciones puede ser una fuente invaluable de inspiración, renovación y descubrimiento personal.

Establece metas pequeñas: Si tienes una idea de lo que te gusta, establece metas alcanzables. Esto te mantendrá motivado y en el camino correcto.

Establecer metas pequeñas y realistas es una estrategia efectiva para mantener la motivación alta y lograr progresos consistentes en cualquier actividad o pasión que decidas seguir. Cuando nos fijamos objetivos grandes o demasiado ambiciosos de inicio, es fácil sentirse abrumado o desanimado si no vemos resultados inmediatos. Sin embargo, al desglosar ese objetivo grande en metas más pequeñas y manejables, cada paso se vuelve más claro y alcanzable.

Por ejemplo, si decides aprender un nuevo instrumento musical, en lugar de fijarte como meta "tocar una canción complicada en un mes", podrías empezar con "practicar 10 minutos al día durante una semana". Estas metas más pequeñas te proporcionan una sensación de logro con más frecuencia, lo que alimenta tu motivación y te impulsa a continuar.

Además, al alcanzar cada pequeño objetivo, ganas confianza en ti mismo y en tus habilidades. Esta confianza acumulada te prepara para enfrentar retos más grandes con el tiempo.

Establecer metas pequeñas no solo te ayuda a mantener el foco y la dirección, sino que también fomenta una sensación constante de progreso y logro, aspectos fundamentales para mantener viva la pasión y el entusiasmo en cualquier etapa de la vida.

Lee y explora: La lectura puede abrir puertas a mundos y pasiones desconocidas. También puede ser útil explorar museos, exposiciones y ferias temáticas.

La lectura es una ventana al conocimiento, a la imaginación y a la comprensión del mundo. A través de los libros, es posible viajar a lugares lejanos, vivir épocas pasadas y futuras, y sumergirse en la mente de otros. Cada página puede revelar una nueva pasión o reavivar un interés olvidado. Ya sea leyendo novelas, biografías, ensayos o revistas especializadas, siempre hay algo nuevo que descubrir y aprender.

Por otro lado, visitar museos, exposiciones y ferias temáticas es una excelente manera de entrar en contacto directo con el arte, la historia, la ciencia y la cultura. Estos espacios ofrecen una experiencia sensorial y educativa que va más allá del conocimiento teórico. Puedes apreciar una obra de arte, sentir la textura de un objeto antiguo o interactuar con instalaciones interactivas.

Estas actividades no solo enriquecen el espíritu y la mente, sino que también ofrecen oportunidades para socializar y compartir experiencias con otros. La curiosidad es una chispa que puede encender pasiones, y tanto la lectura como la exploración cultural alimentan esa chispa, permitiendo que cada persona descubra y persiga lo que verdaderamente le apasiona en la vida. En la etapa post-jubilación, estos medios se convierten en herramientas valiosas para continuar creciendo, aprendiendo y disfrutando de cada día.

Únete a grupos o clubes: Ya sea un club de lectura, un grupo de senderismo o un coro local, estos espacios pueden ayudarte a descubrir y profundizar en tus pasiones.

Unirse a grupos o clubes es una estrategia efectiva para mantenerse activo y socialmente conectado, especialmente en la etapa post-jubilación. Estos colectivos ofrecen la oportunidad de compartir intereses comunes con otras personas, aprender de ellas y, a la vez, contribuir con tu propia experiencia y conocimientos.

Por ejemplo, un club de lectura no solo te permite disfrutar de la literatura, sino también discutir y reflexionar sobre ella con otros aficionados. Esta interacción enriquece la comprensión de la obra y abre perspectivas que quizás no habías considerado. Por otro lado, un grupo de senderismo te permite combinar el amor por la naturaleza con la actividad física, mientras que un coro local puede ser el espacio ideal para quienes disfrutan de la música y quieren expresarse a través del canto.

Además de descubrir y profundizar en tus pasiones, estos grupos también ofrecen la posibilidad de hacer nuevos amigos, compartir experiencias y crear recuerdos valiosos. En muchas ocasiones, la convivencia y el apoyo mutuo que se genera en estos colectivos se convierten en un pilar fundamental en la vida de sus miembros, brindando un sentido de pertenencia y propósito en esta nueva etapa de la vida.

Consulta a un coach de vida o consejero: Estos profesionales pueden proporcionar herramientas y estrategias específicas para ayudarte a descubrir y perseguir tus pasiones en esta nueva etapa.

Consultar a un coach de vida o a un consejero puede ser una decisión transformadora, especialmente cuando nos encontramos en una encrucijada o en un momento de transición, como la jubilación. Estos profesionales están capacitados para guiar a las personas a través de procesos de autoconocimiento, ayudándoles a identificar sus verdaderas pasiones, objetivos y aspiraciones.

A través de sesiones estructuradas, el coach o consejero te acompaña en un viaje de introspección, donde se exploran tus fortalezas, valores y deseos. Con su ayuda, es posible reevaluar prioridades, establecer metas claras y diseñar un plan de acción para alcanzarlas. Además, ofrecen herramientas y técnicas que fomentan la motivación, la autoestima y la resiliencia.

Este tipo de asesoramiento no solo se centra en descubrir tus pasiones, sino también en cómo integrarlas en tu vida diaria, dándole un nuevo propósito y significado a tu existencia. Por ello, si sientes incertidumbre o deseo de reorientar tu vida post-jubilación, acudir a un coach de vida o consejero puede ser el impulso que necesitas para encaminarte hacia una vida plena y llena de pasión.

Recordar que la jubilación no es el final, sino el comienzo de una nueva etapa llena de posibilidades. Con tiempo y espacio disponibles, es el momento perfecto para redescubrirse y sumergirse en lo que realmente te apasiona.

Capítulo 6:

Experiencia y sabiduría: Herramientas para la etapa post-retiro

En la travesía de la vida, la experiencia y sabiduría acumuladas se convierten en valiosos tesoros que, lejos de perder relevancia, cobran un protagonismo especial durante la etapa post-retiro, ofreciendo herramientas inigualables para afrontar con serenidad y propósito esta nueva fase de existencia.

Las ventajas que ofrece la madurez y cómo aprovecharlas

La madurez brinda un abanico de ventajas, desde una perspectiva más equilibrada hasta una profunda sabiduría adquirida con los años; reconocer y capitalizar estos beneficios es esencial para enriquecer y embellecer la etapa dorada de la vida.

La madurez, esa etapa de la vida a la que muchos temen, es en realidad una de las más ricas en experiencia y aprendizaje. Una de las primeras ventajas que se pueden destacar es la perspectiva equilibrada que se desarrolla con los años. Las situaciones que en la juventud parecían insuperables o demasiado emocionales, ahora se ven con ojos más calmados y analíticos. Esta capacidad para enfrentar desafíos con serenidad es invaluable, y puede ser aprovechada para mediar en conflictos, ofrecer consejos o simplemente disfrutar de una vida más tranquila.

Por otro lado, la sabiduría que se acumula no es simplemente el resultado de haber vivido muchos años, sino de haber reflexionado sobre esas vivencias. Con el tiempo, aprendemos a discernir qué es verdaderamente importante y qué no lo es, a valorar más la calidad del tiempo que la cantidad y a entender las complejidades del ser humano.

La sabiduría es una cualidad que va más allá del mero paso del tiempo. No basta con vivir muchos años para ser sabio; es necesario reflexionar, analizar y aprender de las experiencias vividas. En otras palabras, la vida por sí sola nos brinda lecciones, pero es la introspección y el análisis de esas lecciones lo que forja la verdadera sabiduría.

Por ejemplo, todos enfrentamos desafíos, fracasos y éxitos a lo largo de nuestra vida. Sin embargo, no todos nos detenemos a pensar en qué nos enseñó esa experiencia, cómo nos transformó y cómo podemos usar ese conocimiento en el futuro. Es ese proceso reflexivo el que nos permite extraer lecciones valiosas de nuestras vivencias.

Con el tiempo y esa reflexión constante, comenzamos a tener una visión más clara de lo que realmente importa en la vida. Las preocupaciones superficiales o efímeras pierden relevancia frente a lo que es verdaderamente esencial. Empezamos a valorar momentos de calidad con seres queridos, experiencias significativas y relaciones genuinas por encima de la cantidad de tiempo o recursos.

Además, al recorrer este camino introspectivo, desarrollamos una comprensión más profunda de la naturaleza humana. Reconocemos las motivaciones, temores, deseos y complejidades que todos compartimos, lo que nos permite ser más empáticos y comprensivos con los demás.

La sabiduría es el producto de una vida vivida con consciencia y reflexión, permitiéndonos discernir lo verdaderamente importante y comprender las profundidades del alma humana.

Para aprovechar estas ventajas, es esencial adoptar una actitud proactiva. Esto puede traducirse en compartir experiencias con las generaciones más jóvenes, emprender proyectos que antes parecían inalcanzables o incluso retomar estudios y aprendizajes postergados. También es un momento propicio para ser mentores, ayudar a otros a navegar los desafíos de la vida con la brújula de nuestra experiencia.

La madurez nos dota de un bagaje de experiencias y lecciones aprendidas que se convierten en un recurso invaluable para guiar a las generaciones más jóvenes. Ser mentores no solo implica transmitir conocimientos técnicos o habilidades específicas, sino compartir la sabiduría que se ha destilado a lo largo de los años, las historias de fracasos y éxitos, y las decisiones que nos han llevado a ser quienes somos hoy.

Las generaciones emergentes enfrentan un mundo lleno de retos complejos, muchos de los cuales son nuevos y desconocidos para ellos. Pero, aunque las circunstancias cambien, las emociones humanas y las lecciones fundamentales de la vida siguen siendo consistentes. Los mentores, con su perspectiva única, pueden ofrecer orientación, apoyo y, sobre todo, perspectiva. Pueden ayudar a los más jóvenes a ver más allá de los obstáculos inmediatos y a entender el panorama más amplio.

Además, la mentoría es una vía de doble sentido. Mientras los mentores brindan dirección y apoyo, también reciben frescura, innovación y una conexión rejuvenecedora con las energías y aspiraciones de las generaciones más jóvenes. Esta interacción enriquece a ambas partes, consolidando puentes entre generaciones y fomentando un entendimiento mutuo.

Por lo tanto, aprovechar la madurez y la sabiduría para guiar a otros no solo beneficia a quienes reciben la mentoría, sino que también brinda a los mentores una oportunidad de dejar un legado duradero y de continuar aprendiendo y creciendo en el proceso.

En conclusión, la madurez es una etapa dorada que, lejos de ser el ocaso de la vida, puede ser su momento más luminoso. Reconocer y actuar sobre sus ventajas es la clave para vivir estos años con plenitud y propósito.

Consejos para mantener la mente activa y en crecimiento durante la madurez

Mantener la mente activa y en constante crecimiento es fundamental para disfrutar de una buena calidad de vida en cualquier etapa, pero especialmente durante la madurez. Aquí te ofrecemos algunos consejos para lograrlo:

Lectura Diaria: Ya sea un libro, un periódico o revistas, la lectura estimula la mente, amplía el vocabulario y proporciona nuevos conocimientos que ayudaran en la etapa de madurez.

La lectura diaria es una herramienta poderosa para mantener la mente ágil y activa, especialmente en la etapa de madurez. Cuando nos sumergimos en la lectura, ya sea de un libro, un periódico o revistas, activamos diversas áreas cerebrales, mejorando la conectividad neural. Este ejercicio mental constante contribuye a retrasar la aparición de enfermedades neurodegenerativas y potencia la memoria.

Además, leer amplía nuestro vocabulario y mejora nuestras habilidades lingüísticas. Una palabra nueva o un concepto interesante pueden convertirse en temas de conversación, lo que fomenta la interacción social, esencial para el bienestar emocional en la tercera edad.

La lectura también nos permite adquirir nuevos conocimientos y mantenernos actualizados. En la madurez, este constante aprendizaje se traduce en una sensación de propósito y contribuye a una autoimagen positiva. Nos permite entender mejor el mundo que nos rodea, reflexionar sobre diversos temas y desarrollar una mente crítica y analítica.

La lectura diaria en la etapa de madurez no es solo un pasatiempo; es una inversión en la salud mental y emocional. Nos brinda la oportunidad de continuar creciendo, aprendiendo y enriqueciendo nuestra experiencia de vida.

Aprender algo nuevo: Esto puede ser un nuevo idioma, un instrumento musical o cualquier habilidad que siempre hayas querido adquirir. Hoy en día hay multitud de plataformas en línea que ofrecen cursos sobre una amplia variedad de temas.

Aprender algo nuevo es una de las maneras más efectivas de mantener la mente en constante actividad y desafío. Al decidirnos a aprender, por ejemplo, un nuevo idioma, no solo estamos trabajando la memoria y la concentración, sino también la audición, pronunciación y la comprensión lectora. Además, aprender una lengua diferente puede abrirnos las puertas a nuevas culturas, modos de pensar y oportunidades de socialización.

Por otro lado, dominar un instrumento musical es un reto que impulsa la coordinación, la paciencia y la disciplina. Escuchar música ya tiene múltiples beneficios para el cerebro, pero al aprender a tocar un instrumento, se potencian habilidades cognitivas y se fortalecen conexiones neuronales.

Con la digitalización, las oportunidades para aprender se han multiplicado exponencialmente. Plataformas en línea como Coursera, Udemy o Khan Academy ofrecen cursos sobre casi cualquier tema imaginable, desde fotografía hasta programación. Estas plataformas brindan la flexibilidad de aprender a nuestro propio ritmo y desde la comodidad de nuestro hogar.

Decidirse a aprender algo nuevo en la etapa de madurez es una excelente estrategia para mantener el cerebro activo, aumentar la autoestima y expandir horizontes, beneficiando nuestra salud mental y calidad de vida.

Rompecabezas y juegos mentales: Actividades como el sudoku, crucigramas o juegos de lógica ayudan a mantener el cerebro agudo y mejorar la memoria.

Los rompecabezas y juegos mentales son herramientas valiosas para mantener el cerebro activo y en óptimo funcionamiento. Al igual que el cuerpo necesita ejercicio para mantenerse en forma, el cerebro requiere de desafíos constantes para fortalecerse y mantener su agilidad.

El sudoku, por ejemplo, es un juego numérico que desafía la lógica y la capacidad de resolución de problemas. Al resolverlo, se ejercita el razonamiento deductivo y se fortalece la memoria de trabajo, esencial para tareas cotidianas.

Los crucigramas, por su parte, no solo retan al cerebro en términos de vocabulario y cultura general, sino que también fomentan la habilidad de pensar lateralmente y conectar ideas de manera creativa. Además, al enfrentarnos a palabras desconocidas, se incentiva el aprendizaje y la curiosidad.

Juegos de lógica o aplicaciones móviles diseñadas para el entrenamiento cerebral, como Lumosity o

Peak, ofrecen una serie de retos que abordan diferentes áreas cognitivas: memoria, atención, flexibilidad mental y rapidez.

Incorporar estos juegos y actividades en nuestra rutina diaria es una forma divertida y efectiva de combatir el deterioro cognitivo asociado al envejecimiento, mejorando nuestra concentración, memoria y agilidad mental.

Practica la escritura: Ya sea mantener un diario, escribir cuentos o simplemente tomar notas, escribir ayuda a organizar pensamientos y a mejorar la expresión.

La escritura, en cualquiera de sus formas, es una herramienta poderosa para ejercitar la mente y mantenerla activa. Al plasmar pensamientos en papel o en medios digitales, no solo estamos registrando información, sino también procesándola, analizándola y dándole estructura.

Mantener un diario personal, por ejemplo, es una práctica que permite la introspección y autoconocimiento. Al reflejar las vivencias y emociones del día a día, no solo se fomenta la capacidad de autoanálisis, sino que también se preservan recuerdos y aprendizajes que podrían olvidarse con el tiempo.

Por otro lado, escribir cuentos o relatos breves estimula la creatividad, la imaginación y la capacidad narrativa. Además, al enfrentar el desafío de construir personajes, tramas y escenarios, se potencia el pensamiento lógico y la habilidad para conectar ideas.

Incluso el simple acto de tomar notas, ya sea de lecturas, conferencias o pensamientos aleatorios, ayuda a mejorar la concentración y la capacidad de síntesis. Al resumir y destacar lo esencial, entrenamos nuestra mente para identificar y retener información relevante.

En definitiva, la escritura es una actividad que, además de enriquecer el lenguaje y la expresión, ofrece múltiples beneficios cognitivos, convirtiéndose en una excelente práctica para mantener la mente en forma y en constante crecimiento.

Socialización: Conversar con amigos, familiares o incluso desconocidos, puede ofrecer nuevas perspectivas y mantener la mente abierta a diferentes puntos de vista.

La socialización es un componente fundamental para mantener la mente activa y en crecimiento durante la etapa de la madurez. A través de las interacciones sociales, se producen una serie de beneficios cognitivos y emocionales que contribuyen al bienestar general.

En primer lugar, la conversación con amigos y familiares permite el intercambio de ideas y experiencias. Escuchar diferentes perspectivas y puntos de vista enriquece la mente, promoviendo la empatía y la comprensión hacia otros. Además, el diálogo activo estimula la capacidad de expresión y comunicación, lo que es esencial para mantener la mente ágil.

Incluso las conversaciones con desconocidos pueden ser beneficiosas. Al interactuar con nuevas personas, se presentan oportunidades para aprender y adquirir conocimientos de diversas áreas. La socialización también fomenta la creatividad, ya que a menudo se discuten temas diversos que pueden inspirar nuevas ideas y proyectos.

Además, las interacciones sociales ayudan a mantener la mente alerta y en constante adaptación. El procesamiento de la información en tiempo real durante una conversación ejercita la memoria y la capacidad de atención. Asimismo, la socialización combate la sensación de soledad y promueve el bienestar emocional, lo que tiene un impacto positivo en la salud mental.

La socialización es una práctica esencial para mantener la mente activa y en crecimiento en la etapa de la madurez. Estimula el pensamiento crítico, la empatía, la comunicación y la creatividad, al tiempo que contribuye al bienestar emocional y la adaptabilidad mental.

Ejercicio físico: Caminar, nadar o practicar yoga no solo benefician el cuerpo, sino que también aumentan la circulación sanguínea en el cerebro, lo que es esencial para su buen funcionamiento.

El ejercicio físico es una herramienta poderosa para mantener la mente activa y en crecimiento durante la madurez. A menudo, asociamos el ejercicio con beneficios para el cuerpo, como la mejora de la salud cardiovascular y la resistencia física. Sin embargo, sus impactos positivos se extienden más allá del cuerpo y llegan al cerebro.

Una de las formas en que el ejercicio beneficia la mente es mediante el aumento de la circulación sanguínea en el cerebro. Cuando nos ejercitamos, el corazón bombea más sangre, incluyendo oxígeno y nutrientes, hacia el cerebro. Esto estimula el funcionamiento cerebral y puede mejorar la concentración y la agilidad mental.

El ejercicio también desencadena la liberación de sustancias químicas en el cerebro, como las endorfinas, que mejoran el estado de ánimo y reducen el estrés y la ansiedad. Esto no solo promueve la salud mental, sino que también puede impulsar la motivación para mantenerse activo en otras áreas de la vida.

Además, el ejercicio regular puede ayudar a prevenir enfermedades crónicas que pueden afectar la cognición, como la diabetes tipo 2 y las enfermedades cardíacas. Mantener un cuerpo sano es fundamental para mantener una mente sana.

El ejercicio físico no solo es beneficioso para el cuerpo, sino que también tiene un impacto positivo en la mente. Aumenta la circulación sanguínea en el cerebro, estimula la liberación de sustancias químicas que mejoran el estado de ánimo y ayuda a prevenir enfermedades crónicas que pueden afectar la cognición. Es una parte esencial de mantener la mente activa durante la madurez.

Mediación y Mindfulness: Estas prácticas no solo relajan, sino que también ayudan a mejorar la concentración y la atención plena.

La meditación y el mindfulness son prácticas valiosas que pueden contribuir significativamente a mantener una mente activa y en crecimiento durante la madurez. Aunque a menudo se asocian con la relajación y la reducción del estrés, también tienen un impacto positivo en la concentración y la atención plena.

La meditación implica centrar la mente en un objeto de enfoque, como la respiración, o en un pensamiento específico. A través de esta práctica, se puede aprender a calmar la mente, reducir las distracciones y mejorar la concentración. Esto es beneficioso para mantener una mente activa y ágil, ya que la concentración es esencial para abordar tareas intelectuales y aprender cosas nuevas.

Por otro lado, el mindfulness se centra en la atención plena en el presente, sin juzgar los pensamientos o las emociones que surgen. Esta práctica puede ayudar a desarrollar la habilidad de observar y reflexionar sobre los pensamientos de manera más consciente, lo que a su vez mejora la capacidad de concentración y la toma de decisiones informadas.

Ambas prácticas también tienen el potencial de estimular la plasticidad cerebral, que es la capacidad del cerebro para adaptarse y crecer a lo largo de la vida. Al mantener la mente activa y ejercitarla de esta manera, se pueden mantener conexiones neuronales fuertes y promover la agilidad mental.

Cultiva hobbies: Jardinería, pintura, fotografía o cualquier otro pasatiempo son excelentes para mantener la mente activa y creativa.

Cultivar hobbies durante la madurez es una excelente manera de mantener la mente activa y creativa. Participar en actividades como la jardinería, la pintura, la fotografía u otros pasatiempos puede tener numerosos beneficios para la salud mental y emocional.

En primer lugar, estos hobbies estimulan la creatividad. La jardinería, por ejemplo, permite planificar y diseñar espacios al aire libre, mientras que la pintura y la fotografía invitan a explorar la expresión artística. Estas actividades fomentan la imaginación y el pensamiento innovador, lo que es esencial para mantener la mente en crecimiento.

Además, los hobbies proporcionan un sentido de logro y satisfacción. Ver cómo florecen las plantas en tu jardín, completar una obra de arte o capturar una imagen excepcional con tu cámara son logros personales que pueden aumentar la autoestima y la autoeficacia.

También promueven la concentración y la atención. Al sumergirte en tu hobby, te enfocas en la tarea en cuestión, lo que mejora la atención plena y la habilidad para concentrarte en detalles.

La socialización también puede estar relacionada con estos pasatiempos. Participar en clubes de jardinería, clases de pintura o grupos de fotografía te brinda la oportunidad de conocer a personas con intereses similares, lo que contribuye a mantener una vida social activa.

Cultivar hobbies es una estrategia efectiva para mantener la mente activa y creativa durante la madurez. Estimulan la creatividad, brindan satisfacción personal, mejoran la concentración y pueden fomentar la socialización, lo que contribuye en gran medida al bienestar mental y emocional en esta etapa de la vida.

Visitar nuevos lugares: No es necesario viajar lejos; explorar un nuevo parque, museo o barrio puede ofrecer nuevos estímulos a tu cerebro.

Visitar nuevos lugares, incluso aquellos cercanos a tu hogar, puede ser una excelente forma de mantener la mente activa durante la madurez. No es necesario realizar viajes largos o costosos para experimentar nuevos estímulos y aprender cosas nuevas.

Explorar un nuevo parque, museo, barrio o cualquier lugar que no hayas visitado antes despierta la curiosidad y fomenta la observación activa. Tu mente se verá estimulada por la necesidad de absorber información sobre el entorno, identificar detalles interesantes y comprender la historia o el contexto detrás de lo que estás explorando.

Esta actividad también puede enriquecer tus conocimientos y tu comprensión del mundo que te rodea. Los museos, por ejemplo, ofrecen oportunidades para aprender sobre arte, historia, ciencia y cultura. Además, interactuar con personas locales en un nuevo lugar puede proporcionarte una visión única de su vida y experiencias.

Explorar nuevos lugares también promueve la creatividad y la resolución de problemas. A menudo, te encontrarás en situaciones en las que debes navegar por calles desconocidas o adaptarte a circunstancias imprevistas, lo que estimula la agilidad mental.

Visitar nuevos lugares, incluso en tu área local, puede ser una valiosa estrategia para mantener la mente activa y en constante crecimiento durante la madurez. Despierta la curiosidad, enriquece tus conocimientos, fomenta la creatividad y mejora tus habilidades de resolución de problemas, todo lo cual contribuye a un envejecimiento activo y saludable.

Mantente informado: Estar al tanto de las noticias y acontecimientos actuales ayuda a mantener una mente crítica y analítica.

Mantenerse informado sobre las noticias y acontecimientos actuales es una excelente manera de mantener una mente crítica y analítica durante la madurez.

Para mantener la mente activa y en crecimiento, es importante no solo consumir noticias de una sola fuente, sino buscar información de diversas fuentes confiables y cuestionar lo que lees o escuchas. Esta práctica te ayudará a desarrollar una mentalidad crítica y a tomar decisiones informadas a medida que envejeces.

Recuerda que lo importante no es solo la actividad en sí, sino el compromiso y la consistencia con la que la practicas. Desarrollar una mentalidad de crecimiento y curiosidad te ayudará a mantener una mente activa y en constante evolución.

Capítulo 7:

¿Jubilación? Solo es el comienzo de otra aventura.

Este capítulo explorará cómo la jubilación puede ser el punto de partida para una nueva y emocionante etapa de la vida.

La jubilación puede ser vista como el comienzo de una nueva y emocionante etapa de la vida porque marca el momento en el que uno tiene la libertad de decidir cómo quiere gastar su tiempo y energía sin las limitaciones de un trabajo a tiempo completo. A continuación, se explican algunas razones:

Descubrimos cómo aprovechar al máximo esta aventura post-retiro, llena de oportunidades, descubrimientos y la posibilidad de reinventarse.

Desarrollando una mentalidad positiva hacia el envejecimiento.

Desarrollar una mentalidad positiva hacia el envejecimiento es esencial para vivir una vida plena y satisfactoria en la tercera edad. Esta mentalidad implica cambiar la percepción tradicional del envejecimiento como una etapa de limitaciones y declive, hacia una perspectiva en la que se valora la experiencia, la sabiduría y las oportunidades que esta fase de la vida puede ofrecer.

En lugar de enfocarse en los aspectos negativos del envejecimiento, como la salud decreciente o las limitaciones físicas, una mentalidad positiva se centra en los aspectos positivos, como la libertad de tiempo, la oportunidad de explorar nuevos intereses y la capacidad de contribuir a la comunidad y a las generaciones más jóvenes.

Esta mentalidad implica:

Aceptar los cambios: Reconocer que el envejecimiento trae consigo cambios físicos y emocionales normales, pero no necesariamente negativos. Aprender a adaptarse y a cuidarse de manera adecuada es clave.

Aceptar los cambios es un componente fundamental de desarrollar una mentalidad positiva hacia el envejecimiento. Cuando llegamos a la tercera edad, es natural que nuestro cuerpo y nuestra mente experimenten transformaciones. Estos cambios pueden manifestarse en la disminución de la agilidad física, la aparición de arrugas o canas, e incluso alteraciones en la salud.

Es importante comprender que estos cambios son normales y forman parte del proceso natural de envejecimiento. No deben ser vistos como negativos per se, sino como una manifestación de la vida misma. Aceptar esta realidad es el primer paso para desarrollar una mentalidad positiva.

Además, adaptarse a estos cambios es esencial. Esto implica cuidar de nuestra salud de manera adecuada, mediante la adopción de hábitos saludables, la visita regular al médico y la atención a las necesidades específicas de nuestro cuerpo. La adaptación también se refiere a la flexibilidad mental, a estar dispuestos a ajustar nuestras expectativas y metas de acuerdo con nuestras nuevas circunstancias.

Al aceptar los cambios con una actitud positiva, podemos reducir la ansiedad y el estrés relacionados con el envejecimiento. Esto nos permite enfocarnos en las oportunidades que esta etapa de la vida ofrece, como más tiempo para actividades que disfrutamos, la oportunidad de compartir experiencias con seres queridos y el desarrollo de una sabiduría acumulada a lo largo de los años.

Aceptar los cambios es una parte esencial de una mentalidad positiva hacia el envejecimiento. Al hacerlo, podemos abrazar esta etapa de la vida con gratitud y apertura, reconociendo que cada día ofrece nuevas experiencias y oportunidades de crecimiento.

Mantenerse activo: El ejercicio físico regular y el cuidado de la salud pueden mejorar la calidad de vida en la tercera edad, ayudando a mantener la independencia y el bienestar.

Mantenerse activo es un componente crucial para mejorar la calidad de vida en la tercera edad. A medida que envejecemos, el ejercicio físico regular se convierte en una herramienta fundamental para mantener la independencia, el bienestar y la salud en general.

Una de las principales ventajas del ejercicio en la tercera edad es su impacto positivo en la salud física. La actividad física regular fortalece los músculos y los huesos, lo que ayuda a prevenir la pérdida de densidad ósea, común en esta etapa de la vida y relacionada con la osteoporosis. También mejora la flexibilidad, la coordinación y el equilibrio, lo que reduce el riesgo de caídas y lesiones, algo especialmente importante en los adultos mayores.

Además, el ejercicio beneficia la salud cardiovascular al ayudar a controlar la presión arterial y reducir el riesgo de enfermedades cardíacas. También puede tener un impacto positivo en la diabetes tipo 2, ya que mejora la sensibilidad a la insulina.

Sin embargo, el ejercicio no solo influye en la salud física, sino también en la mental. Se ha demostrado que el ejercicio regular reduce los síntomas de depresión y ansiedad, comunes en la tercera edad. Además, promueve la liberación de endorfinas, lo que contribuye a una sensación general de bienestar.

Mantenerse activo en la tercera edad es esencial para mejorar la calidad de vida. Ayuda a preservar la salud física, a mantener la independencia y a promover el bienestar emocional. Establecer una rutina de ejercicio adecuada a las necesidades y capacidades individuales es un paso importante hacia un envejecimiento activo y saludable.

Estimular la mente: El aprendizaje continuo, la participación en actividades intelectuales y la resolución de desafíos mentales pueden mantener la mente ágil y en crecimiento.

Socialización: Mantener conexiones sociales y participar en actividades con otras personas puede prevenir el aislamiento y brindar un sentido de pertenencia y apoyo.

La socialización desempeña un papel fundamental en la vida de las personas mayores y puede marcar una diferencia significativa en su calidad de vida durante la tercera edad. Mantener conexiones sociales y participar en actividades con otras personas es esencial para prevenir el aislamiento y promover un sentido de pertenencia y apoyo.

Uno de los desafíos comunes que enfrentan los adultos mayores es la posibilidad de sentirse aislados, especialmente si han perdido amigos o seres queridos a lo largo de los años o si tienen limitaciones físicas que dificultan su movilidad. El aislamiento social puede tener efectos negativos en la salud mental y emocional, aumentando el riesgo de depresión y ansiedad.

Sin embargo, mantener conexiones sociales puede contrarrestar estos efectos adversos. Participar en actividades grupales, como clubes, grupos de voluntariado, clases o incluso reuniones familiares, ofrece oportunidades para interactuar, compartir experiencias y establecer nuevas amistades. Estas interacciones sociales pueden proporcionar un fuerte sentido de comunidad y apoyo mutuo.

Además, la socialización estimula la mente y el bienestar emocional. Mantener conversaciones significativas, escuchar las historias de otros y compartir las propias experiencias pueden enriquecer la vida de una persona mayor. También puede brindar un sentido de propósito y contribución a la sociedad, ya que muchas actividades grupales involucran ayudar a otros o participar en proyectos comunitarios.

Buscar nuevas pasiones: Descubrir o retomar pasatiempos y actividades que generen alegría y significado en la vida cotidiana.

La búsqueda y el cultivo de nuevas pasiones en la tercera edad pueden ser una fuente de enriquecimiento y satisfacción personal. A medida que las personas ingresan en esta etapa de la vida, tienen la oportunidad de explorar y dedicar tiempo a actividades que quizás antes no pudieron disfrutar debido a las responsabilidades laborales o familiares. Además, retomar pasatiempos que habían quedado en el olvido puede generar un nuevo sentido de vitalidad y propósito.

Descubrir nuevas pasiones puede implicar probar cosas completamente nuevas, como aprender a tocar un instrumento musical, explorar la pintura, participar en actividades al aire libre como el senderismo o la jardinería, o incluso sumergirse en la escritura o la poesía. La variedad de opciones es amplia y depende en gran medida de los intereses personales.

Por otro lado, retomar pasatiempos antiguos también puede ser una forma gratificante de recuperar una conexión con el pasado y redescubrir aquello que solía traer alegría. Algunas personas pueden volver a involucrarse en deportes, artesanías, baile u otras actividades que disfrutaron en su juventud.

Estas nuevas pasiones y actividades no solo ofrecen un sentido renovado de diversión y aventura, sino que también pueden contribuir a mantener activa la mente y el cuerpo, promover la socialización y mejorar la calidad de vida en general. Además, pueden ser una fuente de orgullo y satisfacción a medida que se logran nuevos hitos y se exploran talentos previamente desconocidos.

Buscar y nutrir nuevas pasiones, así como redescubrir antiguos pasatiempos, es una parte valiosa de la vida en la tercera edad. Esto puede llevar a una jubilación activa y enriquecedora, llena de nuevas experiencias y oportunidades para el crecimiento personal.

Fomentar la resiliencia: Afrontar desafíos con una actitud positiva y la capacidad de adaptarse a las circunstancias cambiantes es fundamental.

La resiliencia es una cualidad fundamental en la tercera edad, ya que esta etapa de la vida puede traer consigo desafíos físicos, emocionales y sociales. Se refiere a la capacidad de enfrentar adversidades y superarlas, adaptándose de manera positiva a situaciones difíciles o cambios inesperados.

Afrontar desafíos con una actitud positiva es esencial para mantener una calidad de vida satisfactoria en la tercera edad. Los cambios físicos, como la disminución de la movilidad o la salud, son normales con el envejecimiento, y una actitud resiliente permite a las personas enfrentar estos desafíos de manera constructiva. En lugar de verlos como obstáculos insuperables, las personas resilientes ven estos cambios como oportunidades para aprender, crecer y adaptarse.

La resiliencia también juega un papel importante en el ámbito emocional. La tercera edad puede estar marcada por la pérdida de seres queridos, la jubilación o la transición a una vida más tranquila. Enfrentar estas transiciones con una mentalidad resiliente implica aceptar las emociones que surgen, buscar apoyo social y mantener una visión positiva del futuro.

La adaptabilidad es otra característica clave de la resiliencia. La capacidad de ajustarse a nuevas circunstancias, de encontrar soluciones creativas y de mantener una actitud abierta hacia el cambio es esencial para abordar los desafíos que puedan surgir en la tercera edad.

Fomentar la resiliencia en la tercera edad es fundamental para mantener la satisfacción y el bienestar. Ayuda a las personas a enfrentar cambios y desafíos con una actitud positiva, a adaptarse a nuevas circunstancias y a mantener una calidad de vida significativa a medida que envejecen.

En última instancia, desarrollar una mentalidad positiva hacia el envejecimiento no solo influye en la calidad de vida personal, sino que también puede inspirar a otros y contribuir a una percepción más enriquecedora y respetuosa de la vejez en la sociedad. Es un cambio de enfoque que promueve un envejecimiento activo y satisfactorio.

Inspiración para las personas de la tercera edad embarcarse en nuevas aventuras y experiencias.

Iniciar nuevas aventuras y experiencias en la tercera edad es una oportunidad emocionante y enriquecedora. A menudo, esta etapa de la vida se percibe como un momento de tranquilidad y reflexión, pero también puede ser el punto de partida para descubrimientos, crecimiento personal y un mayor sentido de la vida. Aquí hay algunas fuentes de inspiración para las personas de la tercera edad que desean embarcarse en nuevas aventuras:

Sabiduría acumulada: La tercera edad brinda una perspectiva única basada en décadas de experiencias. Esta sabiduría puede ser un activo invaluable para abordar nuevos desafíos y tomar decisiones informadas.

La sabiduría acumulada a lo largo de las décadas de vida es uno de los activos más valiosos que las personas mayores poseen. Esta sabiduría se ha forjado a través de experiencias, triunfos y desafíos que ofrecen una perspectiva única sobre la vida. En la tercera edad, esta perspectiva puede ser especialmente beneficiosa.

Una de las ventajas de esta sabiduría es la capacidad para abordar nuevos desafíos. Las personas mayores han atravesado muchas situaciones a lo largo de sus vidas y han aprendido a adaptarse y superar obstáculos. Esta resiliencia y la habilidad para mantener una actitud positiva frente a las dificultades pueden ser una fuente de inspiración y guía para quienes están en etapas más tempranas de la vida.

Además, la sabiduría acumulada permite tomar decisiones informadas. Las personas mayores a menudo tienen una comprensión más profunda de las implicaciones a largo plazo de las elecciones que hacen. Esto puede aplicarse a decisiones personales, financieras o de salud. Su capacidad para sopesar las opciones y considerar el panorama general puede ser de gran utilidad para ellos y para sus familias.

La sabiduría acumulada es un tesoro que las personas mayores poseen y que puede enriquecer sus vidas y las de quienes los rodean. Su capacidad para afrontar nuevos desafíos y tomar decisiones informadas basadas en su experiencia es una fuente de inspiración y guía para todas las edades.

Oportunidades de aprendizaje: Nunca es tarde para adquirir nuevos conocimientos. La educación continua, ya sea a través de cursos en línea, clases locales o talleres, puede abrir puertas a nuevas pasiones y habilidades.

La búsqueda del aprendizaje y el crecimiento no tiene fecha de vencimiento, y en la tercera edad, las oportunidades de educación continua son una valiosa opción para expandir horizontes y cultivar nuevas pasiones. Ya sea a través de cursos en línea, clases locales o talleres, estas oportunidades de aprendizaje pueden tener un impacto significativo en la vida de las personas mayores.

Los cursos en línea se han convertido en una herramienta accesible y conveniente para aprender desde casa. Una amplia gama de temas, desde idiomas hasta arte, ciencia o tecnología, están disponibles a través de plataformas educativas en línea. Esto permite a las personas mayores explorar sus intereses y profundizar en áreas que siempre quisieron explorar.

Las clases locales y talleres son otra opción enriquecedora. Estas actividades brindan la oportunidad de aprender en un entorno social, interactuando con otros que comparten intereses similares. Pueden incluir clases de cocina, grupos de lectura, clases de pintura, jardinería y mucho más. Además de adquirir conocimientos, estas actividades también fomentan la socialización y la formación de nuevas amistades.

El aprendizaje en la tercera edad no solo es una oportunidad para adquirir nuevas habilidades, sino también para mantener la mente activa y estimulada.

La búsqueda constante del conocimiento puede llevar a un mayor sentido de logro y satisfacción personal. En resumen, las oportunidades de aprendizaje en la tercera edad son un vehículo para el crecimiento continuo, el descubrimiento de pasiones y la conexión con otras personas que comparten intereses similares.

Viajes y exploración: Explorar lugares nuevos y diferentes culturas puede ser una fuente de inspiración infinita. Las experiencias de viaje enriquecen la mente y el espíritu.

Viajar y explorar el mundo en la tercera edad no solo es una fuente de placer, sino también una experiencia profundamente enriquecedora. Los viajes ofrecen la oportunidad de sumergirse en diferentes culturas, paisajes y formas de vida, lo que a su vez nutre la mente y el espíritu.

Uno de los beneficios más destacados de los viajes en la tercera edad es la ampliación de horizontes. Estos viajes brindan la oportunidad de conocer nuevas personas, tradiciones y perspectivas, lo que a su vez fomenta la comprensión y el respeto por la diversidad cultural. La exposición a diferentes formas de vida también puede ayudar a las personas mayores a apreciar su propia vida y experiencias desde una nueva perspectiva.

Además, los viajes ofrecen la posibilidad de aprender constantemente. Descubrir sitios históricos, probar alimentos locales, explorar museos y sumergirse en la naturaleza son formas efectivas de mantener la mente activa y adquirir conocimientos. Estas experiencias a menudo inspiran el interés en aprender más sobre la historia, la geografía, la gastronomía y la cultura de los lugares visitados.

Por último, los viajes pueden ser un impulso para la creatividad y el rejuvenecimiento espiritual. La belleza de la naturaleza, las vistas panorámicas y las experiencias únicas pueden inspirar a las personas mayores a apreciar la vida en su máxima expresión.

Viajar y explorar nuevos lugares y culturas en la tercera edad puede ser un camino hacia un enriquecimiento mental y espiritual significativo, así como una fuente inagotable de inspiración y aprendizaje.

Voluntariado: Contribuir a la comunidad o apoyar causas benéficas es una forma gratificante de dar significado a la vida en la tercera edad.

El voluntariado en la tercera edad es una actividad valiosa que puede brindar un profundo sentido de significado y propósito a la vida. Contribuir a la comunidad y apoyar causas benéficas es una forma gratificante de utilizar la sabiduría y la experiencia acumuladas a lo largo de los años para marcar una diferencia en la sociedad.

Una de las ventajas más destacadas del voluntariado en la tercera edad es el sentido de utilidad que ofrece. Las personas mayores a menudo se enfrentan a la jubilación, lo que puede llevar a sentimientos de inutilidad o falta de propósito. El voluntariado contrarresta estos sentimientos al permitirles continuar contribuyendo a la sociedad de manera significativa.

Además, el voluntariado proporciona una oportunidad única para establecer conexiones sociales significativas. Trabajar junto a otros voluntarios que comparten intereses y valores similares puede llevar a la formación de amistades duraderas. Estas conexiones sociales son vitales para combatir el aislamiento que a veces experimentan las personas mayores.

El voluntariado también puede proporcionar un profundo sentido de gratificación personal. Saber que se está haciendo una diferencia en la vida de los demás y ver los resultados tangibles de sus esfuerzos puede ser una fuente de satisfacción y alegría.

El voluntariado en la tercera edad es una actividad enriquecedora que ofrece un sentido de utilidad, conexiones sociales significativas y una profunda gratificación personal. Es una forma valiosa de dar significado a la vida en esta etapa y seguir contribuyendo de manera positiva a la sociedad.

Pasiones personales: Retomar pasatiempos o actividades que se disfrutaron en el pasado o descubrir nuevos intereses puede generar una profunda satisfacción.

Recuperar pasatiempos y actividades que se disfrutaron en el pasado o explorar nuevos intereses es una excelente manera de encontrar satisfacción y propósito en la tercera edad. Esta etapa de la vida ofrece la oportunidad de dedicar tiempo a lo que realmente importa, y las pasiones personales desempeñan un papel fundamental en ello.

Retomar pasatiempos antiguos puede evocar sentimientos de nostalgia y alegría. La práctica de actividades como la pintura, la jardinería, la música o cualquier pasatiempo que haya sido parte de la vida en años anteriores puede traer una sensación de continuidad y confort. Estas actividades permiten conectar con experiencias pasadas y recuerdos felices.

Además, la tercera edad es un momento ideal para explorar nuevos intereses y pasiones. Las personas mayores a menudo tienen más tiempo libre y recursos para dedicar a actividades que nunca antes habían considerado. Esto puede incluir aprender a tocar un instrumento musical, practicar un deporte, estudiar un nuevo idioma o adentrarse en el mundo del arte.

Estas pasiones personales no solo brindan satisfacción personal, sino que también pueden fomentar la creatividad y la autodescubierta. Además, al participar en actividades que se disfrutan profundamente, se fomenta un mayor bienestar emocional y se combate el estrés y la ansiedad.

Retomar pasatiempos pasados o descubrir nuevas pasiones personales es una forma valiosa de encontrar satisfacción y propósito en la tercera edad. Estas actividades no solo ofrecen alegría y creatividad, sino que también contribuyen al bienestar emocional y al enriquecimiento de la vida en esta etapa.

Mentores y modelos a seguir: Inspirarse en las historias de otras personas que han aprovechado su tiempo en la tercera edad para lograr grandes hazañas puede motivar a embarcarse en nuevas aventuras.

Contar con mentores y modelos a seguir puede ser una fuente de inspiración invaluable en la tercera edad. La vida está llena de ejemplos de personas que, durante esta etapa, han logrado grandes hazañas y han demostrado que la edad no es un obstáculo para el éxito y la realización personal.

La historia está repleta de figuras inspiradoras que han aprovechado al máximo su tiempo en la tercera edad. Ejemplos como el pintor Claude Monet, quien produjo algunas de sus obras maestras más reconocidas en sus últimos años de vida, o la escritora Agatha

Christie, quien continuó escribiendo novelas exitosas en su vejez, demuestran que las oportunidades de crecimiento y logro no tienen límite de edad.

Además de figuras célebres, a menudo encontramos modelos a seguir en nuestras propias comunidades. Personas mayores que se dedican al voluntariado, emprenden proyectos de caridad, lideran grupos de apoyo o se convierten en mentores para las generaciones más jóvenes pueden ser fuentes poderosas de inspiración. Sus historias de superación y servicio a la comunidad demuestran que la tercera edad puede ser una etapa de gran contribución y satisfacción.

Al aprender de estas historias y seguir el ejemplo de aquellos que han logrado hazañas notables en su madurez, las personas mayores pueden encontrar la motivación necesaria para embarcarse en nuevas aventuras, perseguir pasiones post-jubilación y continuar creciendo como individuos. Los mentores y modelos a seguir en la tercera edad son testimonios vivientes de que nunca es demasiado tarde para alcanzar metas y hacer una diferencia en el mundo.

Calidad de vida: Aprovechar al máximo la salud y el bienestar personal puede ser una poderosa fuente de inspiración para experimentar la vida al máximo.

La calidad de vida en la tercera edad es una meta que todos deberían esforzarse por alcanzar y mantener.

Aprovechar al máximo la salud y el bienestar personal puede ser una poderosa fuente de inspiración para experimentar la vida al máximo durante esta etapa.

Uno de los aspectos fundamentales para mejorar la calidad de vida en la tercera edad es mantener un estilo de vida saludable. Esto implica cuidar la alimentación, realizar ejercicio físico regularmente y someterse a chequeos médicos periódicos. Mantener un peso saludable, evitar hábitos perjudiciales como el tabaquismo y moderar el consumo de alcohol son prácticas que contribuyen significativamente a una buena salud.

Además de la salud física, la salud mental es igualmente importante. Practicar la meditación y el mindfulness puede ayudar a reducir el estrés y mejorar el bienestar emocional. Mantener una vida social activa, involucrarse en actividades intelectuales y buscar ayuda profesional cuando sea necesario son también aspectos clave para mantener una mente sana.

El disfrute de la vida en la tercera edad no se trata solo de la longevidad, sino de vivir esos años con vitalidad y entusiasmo. Aprovechar al máximo la salud y el bienestar personal es una fuente constante de inspiración para explorar nuevos intereses, viajar, hacer voluntariado y enriquecer la vida con experiencias significativas.

Una buena calidad de vida en la tercera edad es un logro que vale la pena buscar y que puede proporcionar una profunda satisfacción en esta etapa de la vida.

Propósito renovado: Encontrar un nuevo propósito en la tercera edad puede ofrecer una sensación de logro y significado, lo que puede ser altamente motivador.

En la tercera edad, encontrar un nuevo propósito puede ser una experiencia transformadora que aporta un sentido renovado a la vida. A medida que las personas se jubilan y dejan atrás sus carreras profesionales, es común experimentar una sensación de vacío o falta de dirección. Sin embargo, este es un momento propicio para descubrir un nuevo propósito que brinde alegría y significado.

Encontrar un propósito renovado en la tercera edad puede ser altamente motivador. Puede involucrar una variedad de actividades, desde el voluntariado en organizaciones benéficas hasta embarcarse en proyectos personales o explorar nuevos intereses. Lo importante es que este propósito esté alineado con los valores y deseos personales.

Este nuevo propósito no solo brinda satisfacción personal, sino que también puede tener un impacto positivo en la comunidad y en la sociedad en general. El sentimiento de contribución y el logro de metas en esta etapa de la vida pueden proporcionar una profunda sensación de realización.

Es esencial recordar que nunca es demasiado tarde para encontrar un nuevo propósito. La tercera edad es una oportunidad para explorar, aprender y crecer de nuevas maneras, y esto puede dar lugar a una etapa de la vida llena de significado y motivación.

En última instancia, la inspiración para las personas mayores radica en la comprensión de que la vida no tiene límites de edad para la exploración, el aprendizaje y el crecimiento personal. Cada día es una oportunidad para una nueva aventura, un nuevo logro o una nueva experiencia que enriquece la vida en esta etapa dorada.

Capítulo 8:

Viviendo la tercera edad: El impacto de seguir activo

En este capítulo, exploramos el impacto profundo y duradero de mantenerse activo y comprometido en la tercera edad. Descubrimos cómo el envejecimiento activo y saludable puede no solo mejorar la calidad de vida, sino también influir de manera significativa en la sociedad y en el mundo que nos rodea.

Desde la salud física y mental hasta la contribución a la comunidad, examinamos cómo seguir siendo una fuerza en la tercera edad es esencial para un enriquecimiento personal continuo y un legado perdurable.

Cómo mantenerse activo y comprometido en la tercera edad.

Mantenerse activo y comprometido en la tercera edad es fundamental para una vida plena y satisfactoria. A medida que envejecemos, las oportunidades de contribuir a la sociedad y de disfrutar de una buena salud siguen siendo accesibles.

La tercera edad no debe verse como un período de declive o finalización, sino como una nueva y emocionante etapa de la vida.

En lugar de considerarla como el cierre de un capítulo, deberíamos entenderla como una oportunidad para continuar creciendo, aprendiendo y contribuyendo al mundo de formas diversas.

Esta etapa de la vida está llena de oportunidades para enriquecernos personalmente y hacer una diferencia en la sociedad que nos rodea. A medida que envejecemos, acumulamos una riqueza de experiencias y sabiduría que pueden ser valiosas para nosotros mismos y para los demás. La tercera edad nos brinda la oportunidad de compartir este conocimiento y de convertirnos en mentores, modelos a seguir y contribuyentes activos a nuestras comunidades.

Mantenerse activo y comprometido es esencial para aprovechar al máximo esta etapa. A través del ejercicio físico, la participación en actividades sociales y culturales, la educación continua y el voluntariado, podemos mantenernos enérgicos, saludables y conectados con el mundo que nos rodea. Al hacerlo, no solo mejoramos nuestra propia calidad de vida, sino que también contribuimos al bienestar de otros y dejamos una huella duradera en la sociedad.

La tercera edad es una etapa de continuo crecimiento y contribución. Aprovechar sus oportunidades requiere un compromiso activo con el aprendizaje, el servicio y la conexión con los demás, lo que puede enriquecer nuestras vidas de maneras significativas y perdurables.

Cómo seguir siendo una fuerza de sustento y legado perdurable en la tercera edad

La tercera edad puede ser una etapa de la vida en la que las personas continúan siendo una fuerza de sustento y dejan un legado perdurable en sus familias y comunidades. Aunque es una época en la que las responsabilidades profesionales pueden disminuir, todavía se pueden realizar contribuciones significativas. Aquí hay algunas formas en que las personas pueden seguir siendo una fuerza de sustento y dejar un legado duradero en la tercera edad:

Transmitir conocimientos y valores: Una de las formas más poderosas de dejar un legado es compartir la sabiduría acumulada a lo largo de los años. Esto puede incluir no solo conocimientos prácticos, sino también valores y lecciones de vida que han sido importantes para uno.

Transmitir conocimientos y valores es una poderosa forma de dejar un legado en la tercera edad. A lo largo de la vida, acumulamos experiencias y aprendizajes valiosos que pueden influir positivamente en las generaciones más jóvenes.

Esto va más allá de compartir conocimientos prácticos, como habilidades técnicas o consejos profesionales. Incluye la transmisión de valores fundamentales, ética y lecciones de vida que han guiado nuestras decisiones y acciones a lo largo de los años.

Este legado puede tener un impacto duradero en la familia y la comunidad. Ayuda a las generaciones más jóvenes a tomar decisiones informadas, a enfrentar desafíos con sabiduría y a desarrollar una comprensión más profunda de la vida.

Los valores transmitidos, como la empatía, la honestidad y la resiliencia, pueden contribuir a la formación de ciudadanos responsables y compasivos. Compartir conocimientos y valores es una contribución valiosa que las personas mayores pueden hacer para moldear el futuro y dejar una huella significativa en las vidas de otros.

Involucrarse en el voluntariado: El voluntariado es una manera efectiva de dar apoyo y hacer una diferencia en la comunidad. Las personas mayores pueden dedicar su tiempo y experiencia a organizaciones benéficas, causas sociales o proyectos comunitarios.

Es una poderosa forma de hacer una diferencia positiva en la comunidad durante la tercera edad.

Las personas mayores aportan una riqueza de experiencia y sabiduría que puede ser invaluable para organizaciones benéficas, causas sociales y proyectos comunitarios. Hay varias razones por las que el voluntariado es una actividad especialmente significativa en esta etapa de la vida:

Experiencia y conocimiento: Las personas mayores han acumulado conocimientos y habilidades a lo largo de sus vidas, lo que les permite abordar problemas de manera efectiva y ofrecer orientación a quienes lo necesitan.

La experiencia y el conocimiento acumulados a lo largo de la vida de una persona mayor son activos valiosos que pueden ser compartidos con la sociedad. Con el paso de los años, han enfrentado diversos desafíos y han adquirido un conjunto único de habilidades y sabiduría que los capacita para abordar problemas de manera efectiva. Esta experiencia puede abarcar una amplia gama de áreas, desde asesoramiento financiero y profesional hasta consejos sobre relaciones personales o habilidades prácticas.

Cuando las personas mayores comparten sus conocimientos y brindan orientación a otros, se convierten en recursos valiosos para la comunidad. Esta interacción intergeneracional no solo enriquece la vida de quienes reciben orientación, sino que también proporciona un sentido de propósito y satisfacción a quienes comparten sus conocimientos. En última instancia, la experiencia y el conocimiento de las personas mayores son tesoros que, cuando se comparten, contribuyen al crecimiento y bienestar de la sociedad en su conjunto.

Sentido de propósito: El voluntariado brinda un propósito significativo en la jubilación, lo que puede contribuir a una mayor satisfacción personal y emocional.

El sentido de propósito es esencial en todas las etapas de la vida, y la jubilación no es la excepción. El voluntariado ofrece una oportunidad única para encontrar y mantener un propósito significativo en esta nueva fase. Cuando las personas se jubilan, a menudo experimentan un cambio en su rutina y pueden preguntarse cómo llenar su tiempo de manera significativa. El voluntariado responde a esa pregunta al brindar la oportunidad de contribuir a la comunidad, apoyar causas que les importan y marcar una diferencia en la vida de los demás.

Este sentido de propósito puede tener un impacto positivo en la satisfacción personal y emocional de quienes participan en el voluntariado durante la jubilación. Les brinda un motivo para levantarse cada día con entusiasmo y un sentimiento de contribución continua a la sociedad. Además, fortalece los lazos sociales y fomenta una sensación de pertenencia a una comunidad más grande. En resumen, el voluntariado en la jubilación no solo beneficia a quienes reciben la ayuda, sino que también enriquece la vida de quienes lo practican, ofreciendo un propósito valioso y significativo.

Impacto en la comunidad: Las contribuciones de los voluntarios mayores pueden tener un impacto duradero en la comunidad, mejorando la calidad de vida de quienes los rodean.

El impacto de los voluntarios mayores en la comunidad es significativo y trasciende el tiempo. Su compromiso y experiencia aportan valiosos recursos que mejoran la calidad de vida de quienes los rodean. Al ofrecer su tiempo y conocimiento, estos voluntarios pueden marcar una diferencia en una amplia gama de áreas, desde la educación hasta la atención médica, pasando por el apoyo social y el desarrollo comunitario.

Además, la presencia activa de personas mayores en actividades de voluntariado desafía los estereotipos negativos sobre el envejecimiento y demuestra que esta etapa de la vida es una época de vitalidad y contribución. Esto puede inspirar a otros a seguir su ejemplo y promover una cultura de solidaridad intergeneracional.

A medida que estas contribuciones se acumulan a lo largo del tiempo, el impacto positivo en la comunidad se vuelve más evidente y duradero. Los voluntarios mayores pueden ayudar a construir una comunidad más fuerte y cohesionada, creando un legado de servicio que continúa beneficiando a generaciones futuras.

Conexiones sociales: El voluntariado fomenta las conexiones sociales y proporciona la oportunidad de conocer a personas con intereses similares.

El voluntariado en la tercera edad no solo brinda la oportunidad de contribuir a la comunidad, sino que también fortalece las conexiones sociales. Al unirse a organizaciones benéficas o proyectos voluntarios, las personas mayores pueden conocer a otras personas con intereses y valores similares. Estas conexiones sociales son vitales para el bienestar emocional y la sensación de pertenencia.

El voluntariado proporciona un espacio donde las personas mayores pueden interactuar con individuos de diferentes edades, antecedentes y experiencias. Esto puede enriquecer su vida al exponerlos a nuevas perspectivas y expandir su círculo social. Estas relaciones pueden convertirse en amistades significativas y brindar apoyo mutuo.

Además, el voluntariado fomenta un sentido de comunidad y propósito compartido. Trabajar juntos en proyectos benéficos crea lazos emocionales y un sentimiento de contribución a algo más grande que uno mismo. En última instancia, estas conexiones sociales fortalecen el tejido de la sociedad y mejoran la calidad de vida de las personas mayores al tiempo que dejan una huella positiva en la comunidad en general.

El voluntariado en la tercera edad permite a las personas mayores utilizar su tiempo y habilidades de manera significativa, impactar positivamente en la sociedad y mantenerse activas y comprometidas en esta etapa de la vida.

Apoyar a la familia: En la tercera edad, muchas personas encuentran una gran satisfacción en el papel de abuelos y bisabuelos. Brindar apoyo emocional, cuidado y consejos a las generaciones más jóvenes puede tener un impacto significativo en el bienestar de la familia.

El papel de abuelos y bisabuelos en la tercera edad es invaluable. Estas personas mayores aportan una riqueza de experiencia y sabiduría que puede enriquecer la vida de sus descendientes. Brindar apoyo emocional y consejos a las generaciones más jóvenes es una forma poderosa de dejar un legado duradero.

Los abuelos y bisabuelos ofrecen una fuente de amor incondicional y cuidado a sus nietos y bisnietos.

Esta relación puede tener un impacto significativo en el bienestar emocional de los más jóvenes, proporcionándoles un sentido de seguridad y conexión con sus raíces familiares.

Además, los ancianos pueden compartir sus experiencias de vida, transmitiendo lecciones valiosas a las generaciones venideras. Estas lecciones no solo abarcan conocimientos prácticos, sino también valores, ética y perspectivas de vida. Los consejos de los abuelos pueden ayudar a guiar a sus nietos en momentos de dificultad y a tomar decisiones informadas en su camino hacia la madurez.

Desarrollar pasiones y talentos: Es un momento propicio para explorar o profundizar en pasatiempos y habilidades personales. Ya sea a través del arte, la música, la escritura o cualquier otra forma de expresión creativa, se pueden crear obras significativas que perduren en el tiempo.

La tercera edad brinda una oportunidad única para desarrollar pasiones y talentos personales. En esta etapa de la vida, muchas personas tienen más tiempo libre y una mayor libertad para explorar sus intereses y habilidades. Esto puede resultar en la creación de obras significativas que perduren en el tiempo y se conviertan en un legado duradero.

Explorar actividades creativas como el arte, la música, la escritura o la artesanía puede ser altamente gratificante. Puede permitir a las personas mayores expresar su interioridad de maneras nuevas y emocionantes, y dejar una marca personal en el mundo. Las obras de arte, las composiciones musicales, los escritos y las creaciones artísticas pueden convertirse en testimonios de la pasión y la creatividad de alguien, lo que perdurará mucho después de que hayan partido.

Además, compartir estas creaciones con amigos, familiares y la comunidad puede inspirar a otros y transmitir un sentido de belleza y significado. En última instancia, el desarrollo de pasiones y talentos en la tercera edad es una forma poderosa de dejar un legado artístico y creativo que puede enriquecer la vida de los demás y trascender generaciones.

Mentoría y asesoramiento: La experiencia acumulada en la tercera edad puede ser valiosa para guiar y apoyar a otros. Actuar como mentor o asesor puede ayudar a las personas más jóvenes a tomar decisiones informadas y desarrollar sus propios talentos.

La mentoría y el asesoramiento son formas efectivas en las que las personas mayores pueden compartir su sabiduría y experiencia con las generaciones más jóvenes. A medida que envejecemos, acumulamos una riqueza de conocimientos y habilidades a partir de nuestras propias vivencias.

Actuar como mentores o asesores permite que este conocimiento sea transmitido a otros, lo que puede ser beneficioso tanto para los mentores como para quienes reciben orientación.

Los mentores pueden guiar a jóvenes estudiantes, profesionales o individuos en sus trayectorias de vida. Pueden compartir lecciones aprendidas, proporcionar consejos valiosos y ayudar a los más jóvenes a evitar errores comunes. Esta interacción puede tener un impacto duradero en las vidas de quienes reciben mentoría, brindándoles la confianza y las habilidades necesarias para alcanzar sus metas.

Por otro lado, los mentores también se benefician al sentirse útiles y apreciados. Contribuir al éxito y al crecimiento de otros puede proporcionar una profunda satisfacción personal y un sentido de propósito. La mentoría y el asesoramiento son una forma gratificante en la que las personas mayores pueden continuar haciendo una diferencia en el mundo y dejar un legado de conocimiento y orientación.

Fomentar la educación: Apoyar la educación de las generaciones más jóvenes, ya sea a través de becas, donaciones a escuelas o programas de tutoría, es una forma efectiva de invertir en el futuro y dejar un legado educativo.

Fomentar la educación es una poderosa manera de dejar un legado perdurable. Las personas mayores pueden contribuir al bienestar de las generaciones más jóvenes apoyando activamente la educación. Hay varias formas efectivas de hacerlo:

La tercera edad no es solo una etapa de descanso, sino una oportunidad para continuar siendo una fuerza de sustento y dejar un legado perdurable. A través de la transmisión de conocimientos, el voluntariado, el apoyo familiar, el desarrollo personal y el compromiso con la comunidad, las personas mayores pueden seguir contribuyendo de manera significativa a la sociedad y a las generaciones futuras.

Los beneficios de mantenerse física y mentalmente activo en la tercera edad.

Mantenerse física y mentalmente activo en la tercera edad conlleva una serie de beneficios significativos que impactan en la calidad de vida. Estos beneficios incluyen:

Salud física: La actividad física regular mejora la salud cardiovascular, fortalece los músculos y huesos, y ayuda a mantener un peso saludable. Esto reduce el riesgo de enfermedades crónicas como la diabetes tipo 2, enfermedades cardíacas y la osteoporosis.

Mantenerse físicamente activo en la tercera edad es esencial para preservar la salud física. La actividad física regular tiene una serie de beneficios significativos. Primero, mejora la salud cardiovascular al fortalecer el corazón y los vasos sanguíneos, reduciendo así el riesgo de enfermedades cardíacas. Además, fortalece los músculos y los huesos, lo que es crucial para prevenir la pérdida de densidad ósea y la osteoporosis, un problema común en las personas mayores.

Otro beneficio importante es el control del peso. La actividad física regular ayuda a mantener un peso saludable, lo que reduce el riesgo de desarrollar enfermedades crónicas como la diabetes tipo 2. En última instancia, mantenerse activo en la tercera edad no solo mejora la calidad de vida sino que también prolonga la vida, al disminuir los riesgos asociados con problemas de salud crónicos. Por lo tanto, es una parte fundamental del envejecimiento saludable y activo.

Salud mental: La actividad mental estimulante, como la lectura, los rompecabezas y los juegos mentales, ayuda a mantener la mente aguda y puede retrasar el deterioro cognitivo relacionado con la edad, como el Alzheimer y la demencia.

Mantener una salud mental óptima es crucial en la tercera edad, y la actividad mental estimulante desempeña un papel esencial en este aspecto. Participar en actividades intelectuales, como la lectura, los rompecabezas y los juegos mentales, tiene una serie de beneficios significativos para el cerebro. Estas actividades ayudan a mantener la mente aguda y pueden retrasar el deterioro cognitivo relacionado con la edad, como el Alzheimer y la demencia.

La lectura, por ejemplo, estimula la imaginación, amplía el vocabulario y ejercita la memoria. Los rompecabezas y los juegos mentales desafían la mente, mejorando la concentración, la lógica y la resolución de problemas. Al mantener la mente activa, se fortalecen las conexiones neuronales y se promueve un envejecimiento cognitivo más saludable.

La actividad mental estimulante es una estrategia clave para mantener la salud mental en la tercera edad y preservar la función cognitiva a medida que se envejece.

Socialización: Mantenerse activo implica participar en actividades sociales, lo que combate el aislamiento y la depresión, promoviendo la salud mental y el bienestar emocional.

La socialización es un componente esencial para mantenerse activo y saludable en la tercera edad.

A medida que envejecemos, es común que las interacciones sociales disminuyan, ya sea debido a la jubilación, la pérdida de amigos o familiares, o simplemente por cambios en el estilo de vida. Sin embargo, mantener conexiones sociales es fundamental para el bienestar emocional y mental.

Participar en actividades sociales, como reuniones con amigos, unirse a grupos o clubes de intereses comunes o incluso el voluntariado, combate el aislamiento y la depresión, dos problemas que pueden afectar negativamente la salud mental en la tercera edad. Estas interacciones proporcionan oportunidades para compartir experiencias, conversar y establecer nuevas amistades.

Además, la socialización estimula la mente al estar expuesta a diferentes perspectivas y opiniones, promoviendo la agudeza mental y la adaptación cognitiva. En resumen, mantenerse socialmente activo es una parte vital de envejecer de manera saludable y feliz.

Independencia: El ejercicio regular y el compromiso mental permiten a las personas mayores mantener su independencia durante más tiempo, realizando actividades cotidianas por sí mismas.

La independencia es un aspecto fundamental de la calidad de vida en la tercera edad.

El ejercicio físico regular y el compromiso mental desempeñan un papel crucial en la capacidad de las personas mayores para mantener su independencia durante más tiempo.

El ejercicio ayuda a fortalecer los músculos y las articulaciones, mejorando la movilidad y reduciendo el riesgo de caídas y lesiones. Esto permite que las personas mayores continúen realizando tareas diarias como caminar, subir escaleras o incluso cuidar de sí mismas sin depender de la ayuda de otros.

Por otro lado, mantener la mente activa a través de actividades intelectuales como la lectura, los rompecabezas o el aprendizaje continuo, preserva la función cognitiva. Esto facilita la toma de decisiones, la resolución de problemas y la capacidad de realizar tareas cotidianas de forma autónoma.

En conjunto, el ejercicio físico y mental prolongan la independencia en la tercera edad, permitiendo a las personas mayores disfrutar de una vida más plena y autónoma, lo que es fundamental para su bienestar general.

Calidad de vida: Mantenerse activo en la tercera edad agrega vitalidad y energía a la vida cotidiana, lo que mejora la calidad de vida general.

La calidad de vida en la tercera edad es una preocupación importante, y mantenerse activo física y mentalmente juega un papel esencial en su mejora. La actividad regular agrega vitalidad y energía a la vida cotidiana de las personas mayores, lo que tiene un impacto positivo en diversos aspectos.

En primer lugar, la actividad física ayuda a mantener la salud general. Fortalece los músculos, mejora la resistencia y promueve una mejor salud cardiovascular. Esto se traduce en mayor independencia y una mayor capacidad para disfrutar de la vida sin limitaciones físicas.

La actividad mental, como la lectura, los rompecabezas y el aprendizaje continuo, mantiene la mente aguda y activa. Esto no solo contribuye a prevenir problemas cognitivos relacionados con la edad, sino que también permite a las personas mayores participar en conversaciones interesantes y mantenerse al tanto de los cambios en el mundo que les rodea.

Mantenerse activo en la tercera edad añade vitalidad, mejora la salud y contribuye significativamente a una mejor calidad de vida. Esto permite a las personas mayores disfrutar plenamente de esta etapa de la vida y continuar participando activamente en la sociedad.

Longevidad: Estudios han demostrado que las personas activas, tanto física como mentalmente, tienden a vivir más tiempo y con una mejor calidad de vida en sus años avanzados.

La longevidad es un tema fundamental en la tercera edad, y la actividad física y mental desempeñan un papel crucial en este aspecto. Diversos estudios han demostrado que las personas activas, que se mantienen física y mentalmente comprometidas, tienen más probabilidades de vivir más tiempo y, lo que es aún más importante, de vivir esos años adicionales con una mayor calidad de vida.

En términos de salud física, el ejercicio regular contribuye a mantener un peso saludable, fortalece los sistemas muscular y cardiovascular, y ayuda a prevenir enfermedades crónicas, lo que puede aumentar la esperanza de vida. Por otro lado, la actividad mental estimulante, como la resolución de rompecabezas, la lectura y el aprendizaje constante, puede retrasar el deterioro cognitivo relacionado con la edad, como el Alzheimer y la demencia, lo que permite una vida más independiente y activa.

Mantenerse activo física y mentalmente en la tercera edad no solo mejora la calidad de vida, sino que también puede contribuir a una mayor longevidad. Esto significa que las personas mayores pueden disfrutar de más años de vida plena y participativa, lo que es un objetivo valioso para todos.

La actividad física y mental en la tercera edad no solo es beneficiosa sino esencial para una vida saludable y plena.

Promueve la longevidad, mejora la calidad de vida, y ayuda a mantener la independencia y el bienestar emocional. Es un componente fundamental para disfrutar al máximo de esta etapa de la vida.

Cómo la actividad puede mejorar la calidad de vida y el bienestar del envejeciente activo.

La actividad, tanto física como mental, juega un papel fundamental en la mejora de la calidad de vida y el bienestar de las personas mayores que se mantienen activas en la tercera edad.

En primer lugar, desde la perspectiva de la salud física, la actividad regular, como el ejercicio, contribuye a mantener un peso saludable, fortalece los músculos y huesos, y mejora la salud cardiovascular. Esto reduce significativamente el riesgo de enfermedades crónicas, como la diabetes tipo 2, enfermedades cardíacas y la osteoporosis, lo que se traduce en una mejor calidad de vida al evitar condiciones debilitantes.

Desde el punto de vista de la salud mental, mantener la mente activa a través de actividades intelectuales como la lectura, los rompecabezas y los juegos mentales puede retrasar el deterioro cognitivo relacionado con la edad, como el Alzheimer y la demencia. Esto permite a las personas mayores conservar su independencia y disfrutar de una vida más plena y activa.

El mantenimiento de una mente activa en la tercera edad tiene beneficios cruciales desde la perspectiva de la salud mental. A medida que envejecemos, existe un riesgo natural de sufrir deterioro cognitivo, como el Alzheimer y la demencia, que pueden afectar la independencia y la calidad de vida. Sin embargo, participar en actividades intelectuales, como la lectura, resolver rompecabezas y jugar juegos mentales, puede retrasar significativamente este proceso.

Estas actividades estimulan la mente, manteniendo las conexiones neuronales y ejercitando la memoria y la lógica. Al hacerlo, se pueden prevenir o retrasar los síntomas del deterioro cognitivo, lo que permite a las personas mayores mantener su independencia durante más tiempo. Conservar la capacidad de recordar información importante, tomar decisiones informadas y resolver problemas cotidianos es esencial para disfrutar de una vida más plena y activa en la tercera edad.

Mantener la mente activa a través de actividades intelectuales es una estrategia efectiva para preservar la salud mental, retrasar el deterioro cognitivo y, en última instancia, disfrutar de una vida más independiente y plena en la tercera edad.

La socialización también es un componente clave de la actividad en la tercera edad. Participar en actividades sociales combate el aislamiento y la depresión, promoviendo la salud mental y el bienestar emocional. Esto se traduce en una mejor calidad de vida al mantener relaciones significativas y una mente enriquecida.

En conjunto, la actividad física, mental y social mejora la calidad de vida y el bienestar del envejeciente activo al promover la salud, prevenir enfermedades, mantener la independencia y fomentar relaciones sociales significativas. Esta combinación enriquece la vida en la tercera edad y permite a las personas mayores disfrutar de una etapa dorada más satisfactoria y plena.

Historias inspiradoras de individuos

Historias inspiradoras de individuos que, lejos de retirarse a una vida pasiva, eligieron embarcarse en nuevas aventuras, aprender nuevas habilidades y contribuir de maneras que nunca imaginaron posibles en sus años más jóvenes.

Las historias inspiradoras de individuos que abrazan la tercera edad como una oportunidad para nuevas aventuras y aprendizaje abundan en todo el mundo. Estos relatos demuestran cómo, lejos de retirarse a una vida pasiva, muchas personas mayores optan por explorar pasiones, contribuir a la sociedad y mantenerse activas de formas notables.

Un ejemplo es el de Julia Hawkins, una mujer de 101 años que comenzó a correr a los 100 años y estableció récords mundiales en su grupo de edad. Su historia ilustra cómo nunca es tarde para descubrir nuevas pasiones y desafiar límites.

Otro caso inspirador es el de Yuichiro Miura, un alpinista japonés que, a los 80 años, se convirtió en la persona más anciana en escalar el Monte Everest. Su logro muestra que la determinación y la pasión pueden superar incluso los obstáculos más grandes.

Estos ejemplos muestran cómo la tercera edad puede ser una etapa de crecimiento y contribución significativa. Son testimonios vivos de que la vida no termina con la jubilación, sino que es una oportunidad para continuar creciendo, aprendiendo y haciendo una diferencia en el mundo de formas nuevas y emocionantes. Estas historias nos recuerdan que nunca es tarde para perseguir nuestros sueños y que cada día puede ser una aventura esperando ser vivida.

Conclusión

El libro "Porqué retirarte si aún eres útil: Redescubriendo tu Valor en la Tercera Edad" ha explorado con profundidad la idea de que la jubilación no debe ser vista como un retiro pasivo, sino como el comienzo de una nueva y emocionante aventura en la vida. A lo largo de estas páginas, hemos explorado cómo las personas mayores pueden mantenerse activas, comprometidas y valiosas en la sociedad y sus comunidades.

Hemos destacado la importancia de aprovechar la sabiduría acumulada, fomentar el aprendizaje continuo, contribuir a la comunidad a través del voluntariado, cultivar pasiones personales y actuar como mentores y modelos a seguir para las generaciones más jóvenes. También hemos subrayado los beneficios de mantenerse física y mentalmente activo, incluyendo una mayor salud física y mental, independencia, calidad de vida y longevidad.

En última instancia, este libro ha demostrado que la tercera edad es una etapa llena de posibilidades y que cada individuo tiene el potencial de seguir siendo útil y valioso. En lugar de retirarse, es un momento para renovar el propósito, explorar nuevos horizontes y dejar un legado perdurable. La vida no termina en la jubilación; en cambio, se abre un capítulo nuevo y emocionante lleno de oportunidades para crecer, aprender

y contribuir a un mundo que aún tiene mucho que
ofrecer.

Lecturas recomendadas

Algunas lecturas recomendadas que complementarán la exploración de temas relacionados con la tercera edad, la jubilación activa y la búsqueda de un propósito en esta etapa de la vida:

1. **" Bienestar en la Vejez"**: Abordando Necesidades y Prioridades en la Tercera Edad; 7 Acciones Claves para la Longevidad.

2. **"Envejecer es bueno para la salud"** de Catherine Pigeon: La autora examina cómo las personas pueden mantener su salud física y mental durante la tercera edad a través de la actividad física, la alimentación y otros hábitos de vida saludables.

3. **"Sabiduría**: La verdadera fuente de la eterna juventud" de Christiane Northrup: Este libro explora cómo la sabiduría acumulada con la edad puede ser una fuente de poder y vitalidad en la tercera edad, y cómo las personas pueden abrazar esta etapa con entusiasmo.

4. **"Envejecer con éxito"** de John W. Rowe y Robert L. Kahn: Los autores presentan estrategias prácticas para envejecer de manera activa y saludable, destacando la importancia de la actividad física, la participación social y el compromiso intelectual.

5. **"Ser feliz en Alaska"** de Rafael Santandreu: Aunque no se centra específicamente en la tercera edad, este libro ofrece consejos sobre cómo encontrar la felicidad y el bienestar a lo largo de toda la vida, lo que puede ser especialmente relevante en la jubilación.

Estas lecturas proporcionan una variedad de perspectivas y consejos valiosos para quienes deseen explorar más a fondo temas relacionados con el envejecimiento activo y significativo. Cada uno de estos libros ofrece una visión única y enriquecedora sobre cómo vivir una vida plena en la tercera edad.

OTRAS OBRAS DEL AUTOR

- Hábitos que resaltan tu personalidad

- 13 Hábitos de la gente altamente eficiente

- En busca de la Superación Personal

- Cómo y porqué aprender a sublimar tazas y thermos

- Como Crear un huerto para cultivos en casa

- El camino es la meta

- 13 Habits of highly efficient people

- Habits that highlight your personality

- Turismo de salud y bienestar

- Economías naranja

- Cuándo buscar consejería matrimonial

- La Inteligencia artificial al servicio de la humanidad

- Terapia de pareja cognitivo-conductual (TCC)

- Construye tu imagen de marca como autor

- Paz interior mediante meditación

- El Poder de los Hábitos Cotidianos

- Pasos para que sucedan cosas buenas

- Los Secretos de los millonarios

- Caminando con Cristo

- Plantar, Regar y Esperar en Dios

- Evangelismo- Un Viaje Espiritual

- Cómo ser autodidacta

- Ser positivo: Cómo ser más productivo y exitoso

- Cómo ser optimista

Gracias, para ayudarte en tus proyectos digitales, contáctanos: https://pedroaguerovallejo.com